[英国] 迈克尔·坦纳 著　于洋 译

尼采

牛津通识读本·

Nietzsche

A Very Short Introduction

译林出版社

图书在版编目（CIP）数据

尼采／（英）坦纳（Tanner, M.）著；于洋译．—南京：译林出版社，2013.5（2024.10重印）
（牛津通识读本）
书名原文：Nietzsche: A Very Short Introduction
ISBN 978-7-5447-2968-0

Ⅰ.①尼… Ⅱ.①坦… ②于… Ⅲ.①尼采，F. W.（1844～1900）-哲学思想-研究 Ⅳ.①B516.47

中国版本图书馆 CIP 数据核字（2012）第 133086 号

著作权合同登记号　图字：10-2014-197 号

尼采［英国］迈克尔·坦纳／著　于　洋／译

责任编辑　何本国　陈　锐
责任印制　董　虎

原文出版　Oxford University Press, 2000
出版发行　译林出版社
地　　址　南京市湖南路 1 号 A 楼
邮　　箱　yilin@yilin.com
网　　址　www.yilin.com
市场热线　025-86633278
排　　版　南京展望文化发展有限公司
印　　刷　江苏凤凰通达印刷有限公司
开　　本　890 毫米 × 1260 毫米　1/32
印　　张　7.75
插　　页　4
版　　次　2013 年 5 月第 1 版
印　　次　2024 年 10 月第 16 次印刷
书　　号　ISBN 978-7-5447-2968-0
定　　价　39.00 元

序言

周国平

尼采在现代西方哲学史和思想史上的重要性毋庸赘言，但是，要对尼采哲学做一个简明的解说却是一件难事。别的哲学家，尤其别的德国哲学家，都有意识地构筑体系，仿佛已经亲自把展厅布置好，导游只需带游客循序参观就可以了，能否看懂则另当别论。尼采相反，他拒绝体系，他的多数著作是格言的荟萃，其风格又是充满反讽、跳跃、矛盾，这里没有现成的展厅，无论谁当导游都必须自己动手布展，凭自己的眼光把纷繁的展品整理出一个秩序来。

和别的哲学家的另一大区别是，尼采的哲学与他的内在精神历程有着最紧密的联系，倘若对这个历程没有切身的感应和同情的理解，任何解说都只能是隔靴搔痒。也就是说，要对尼采哲学做出中肯的解说，解说者必须调动和带入自己的主观精神体验，不应该是所谓纯学术的客观研究。

因为上述原因，尼采哲学的确给不同的解释留下了巨大空间。但是，这绝不意味着解释者可以任意发挥，而是必须把握好文本和解释者之间的“视界融合”的分寸。我对尼采哲学的一本好的入门书的基本要求是，能够抓准尼采所思考的主要问题和解决方向，以此为基本线索阐明其哲学的演变和发展。英国学者迈克尔·坦纳的《尼采:一个简明导论》(中译名《尼采》)就是这样的一本入门书。

作者认为，尼采一生的根本关注是痛苦与文化的关系，其立足点不是回避或消除痛苦，而是为了肯定人生而肯定人生必有的痛苦，据此对文化的价值进行评估和分级，并寻求一种真正能够肯定痛苦的有内在力量的文化。我不是引用原话，而是做了某种归纳和补充，并且需要强调一点：尼采主要关注的是人生的根本性痛苦，即生命意义之缺失，这既是折磨他自己的最大个人问题，也是他后来定义为虚无主义的最大时代问题，而他寻求的则是一种能够为生命创造意义的文化，或者退而求其次，一种勇于担当生命之无意义的文化。

依据痛苦与文化的关系这个线索，作者对尼采生前发表的正式著作进行了梳理，试图标示出尼采解决这个问题的走向。下面我简要地描述一下这个走向，应该说明的是，在描述中仍然必然会加进我自己的认识。

处女作《悲剧的诞生》是一个清晰的起点，尼采在其中想要解决的正是怎样肯定人生包括肯定人生必含的痛苦和毁灭的问题。他在希腊的酒神精神和悲剧文化中找到了答案，相信唯有艺术能够拯救人生，并把希望寄托在悲剧文化通过德国音乐的复兴上。但是，这个希望很快就落空了。

在从《曙光》到较晚期的《论道德的谱系》一系列著作中，尼采致力于分析历来道德对抗痛苦的各种方式。其中，有两种基本方式最值得注意。一是同情，即企图通过剥夺个人在痛苦面前的尊严来消除痛苦。二是禁欲主义，即企图通过扼杀生命的本能来消除痛苦。

尼采关心的是伟大而不是善，二者的区别在于，伟大包含着对痛苦的肯定和有效利用,善则一味企图消除痛苦。在《快乐的科学》(作者视为“尼采最令人振奋的一本书”)中,他描绘了他心目中的伟大,便是“赋予个性一种风格”,艺术地规划自己天性中的长处和弱点,甚至使弱点也悦人眼目。另一种表达是,“要成为生活的诗人——尤其是成为最琐细、最日常的生活的诗人”。这实际上是提出了一种新的道德,就是要做一个能够自我支配的强者,包括支配人性的弱点和人生的痛苦,以此来使生活变得美好。也许仍然可以把这看做一种审美人生观,但显然已经脱尽了《悲剧的诞生》中那种生硬的形而上学逻辑。

但是,究竟如何面对人生最根本的痛苦即生命的无意义呢?在《查拉图斯特拉如是说》中有三个概念是人们在提及尼采哲学时谈论得最多的,也是理解得最有歧义的,便是超人、永恒轮回和权力意志。其实,这三个概念正是要解决这个问题的。按照永恒轮回说,在宇宙的永恒流变中,每个人生命中的每个瞬间都将无止境地重复回归。这与其说是一个假说,不如说是一个考验性的提问,尼采仿佛如此问:即使生命毫无意义,你愿意它无限次地重复吗?作者正确地指出,尼采在很大程度上是用永恒轮回来定义超人的,超人就是那个通过欢欣地拥护这个信条而对今生今世的一切都说“是”的人。而一个人能否如此全盘肯定人生,则取决于内在生命力是否足够强大,尼采大多是在这个意义上使用权力意志概念的。

我们终于来到了尼采的晚年。在神志清醒的最后一年,他突然又频繁地谈论酒神。在《偶像的黄昏》中,他如此宣告:“这样一个解放了的精灵带着快乐而信赖的宿命论置身于万物之中,心怀一种信仰:唯有个体被抛弃,在整体之中万物得到拯救和肯定——他不再否定……然而一个这样的信仰是一切可能的信仰中最高的：我用酒神的名字来命名它。”（译文据尼采原著）在转了一大圈之后，尼采似乎回到了青年时代的酒神信仰。但是，正如作者所指出的：酒神是无限肯定之神，而肯定的语境已经迥然不同，因此所需的肯定的类型也和《悲剧的诞生》几无相同之处。最大的区别也许在于，青年尼采孜孜于要为肯定寻找某种理由，晚年尼采只是肯定，他不屑于寻找理由，似乎也不再需要理由了。难以判断的是，他这样做是出于无比的自信，还是出于彻底的绝望，抑或二者都是，是从绝望中产生的自信。

在以上的粗略描述中，我不得不舍弃作者的许多有趣见解。事实上，作者在阐述过程中经常是议论风生的，包括对尼采提出质疑。例如，他对尼采最广为传颂的作品《查拉图斯特拉如是说》评价颇低，责备其戏仿《圣经》的预言式文体背离了一向具有的嘲弄与试探的风格，并导致了后来者的可笑模仿和狂热崇拜。他最推崇的尼采作品是《论道德的谱系》，赞赏其用对学术程式的嘲弄式模仿的笔法论述极为严肃的内容，辩证性逆转运用之娴熟已臻完美。作者显然是一个有自己的独特眼光和明确趣味的解说者，因此我相信，他一定希望读者在听他的解说时也坚持独立思考。

最后我想指出，尼采在认识论领域有重大建树，启迪了现代哲学中反本质主义和语言哲学的潮流，而本书对这方面的内容甚少涉及。作为一本尼采哲学的入门书，这或许是一个不足吧。

2010 年 12 月 28 日

献给父亲，缅怀母亲

目录

引用文献说明[①]

书中所引尼采著作，除首次提到时使用著作全称，其余如下所列，均使用书名缩写。所有引用内容之后首先是书名缩写，其次是章节编号。对于包含较长章节的著作，这种标示可能引起不便，但目的只在于使读者可以据此参考手边现有的任何一个版本。

A	《反基督者》
BGE	《善恶的彼岸》
BT	《悲剧的诞生》
CW	《瓦格纳事件》
D	《曙光》
EH	《瞧，这个人》
GM	《论道德的谱系》
GS	《快乐的科学》
HAH	《人性的，太人性的》
NCW	《尼采反对瓦格纳》

---

① 为方便阅读，译文中用中文书名代替原文的缩略语。——编注

TI 《偶像的黄昏》

TSZ 《查拉图斯特拉如是说》

UM 《不合时宜的沉思》

WP 《强力意志》

第一章
尼采之形象

弗里德里希·尼采（1844—1900）是一位德国哲学家，在1889年初突然神志失常以前，几乎完全被人们所忽视。如今，“尼采”成为这样一位人物，假其权威，观点不同、意见迥异之士均可为各自的观点寻找支持。有一项出色的研究（阿舍姆，1992）致力于考察1890至1990年间尼采对德国的影响，该研究列举出了“无政府主义者、女权主义者、纳粹分子、宗教信徒、社会主义者、马克思主义者、素食主义者、先锋派艺术家、体育爱好者和极端保守分子”，他们都从尼采的著作中获得启示，而这个名单显然还可以继续延伸下去。该书的封面高调展示着一张1900年的藏书票，上有尼采头戴荆棘冠的图像；封底则是另一张，裸身的尼采肌体强健，站在阿尔卑斯山某高峰之上。在过去的九十年间，德国文化界或艺术领域，从托马斯·曼[①]到荣格[②]，再到海德格尔[③]，几乎无人不承认尼采的影响。

① 托马斯·曼（1875—1955），德国作家。凭代表作《布登勃洛克一家》获得1929年诺贝尔文学奖。——**本书注释除特别注明外，均由译者添加，以下不再一一注明**

② 荣格（1875—1961），瑞士心理学家，分析心理学的创立者。

③ 海德格尔（1889—1976），德国哲学家。其代表作《存在与时间》是20世纪西方哲学最重要的经典著作之一。

有一本书研究了尼采在西方英语世界中的影响(布里奇沃特,1972),借用其书名中的一个词来说,在"盎格鲁—撒克逊体系"中尼采也具有类似的影响力。一波又一波的"尼采主义"热潮席卷而过,虽然也曾有一些时期,尼采因被视为德国军国主义的鼓动者而遭到冷落,受到同盟国的贬低。20世纪初,尼采被广泛地但很不准确地译介到英语中,或者说与尼采的母语有着奇特关联的这种语言中。至少是部分地因为尼采语言的古体风格,五十年间,这是尼采多部著作仅有的译本。

后来,当尼采的名声在英国和美国处于低谷时,流亡在美国的普林斯顿大学哲学教授瓦尔特·考夫曼[①]开始重新翻译尼采的许多重要作品,并以一部专著开启了有关尼采的研究计划。自1950年问世以来,这本专著在许多年里一直在如何评价尼采方面具有决定性的影响(考夫曼,1974)。考夫曼呈现出的是一位更传统的思想家,而非为无政府主义者和素食主义者等提供灵感的人。令人普遍惊讶而又得到较为广泛承认的是,尼采被证明是一位讲求理性的人,甚至还是一个理性主义者。考夫曼致力于建构尼采的形象,这种形象远离纳粹、远离那些声称以尼采为先驱的反理性主义运动、远离艺术中的浪漫主义。新的定位使过去的阐释变得难以理解,这样一来,尼采的学院化应运而生。尼采成为众多哲学家中的一位,人们将他与斯宾诺莎、康德、黑格尔,以及其他西方哲学传统中的领军人物相提并论,比较异同。钦服于考夫曼的渊博学识,一些美国哲学家以及随后更多的英国哲学家在他们的著作和文章中,将考夫曼作为从客观性、真理本质、希腊思想、自我本性以及其他无危险课

① 瓦尔特·考夫曼(1921—1980),著名尼采研究学者和翻译家。

题等方面研究尼采的起点。

与此同时，尼采成为二战后欧洲（在那里尼采从未丧失体面）存在主义者和现象学派持续研究和征引的对象。1960年代和1970年代，尼采逐渐成为批评理论家、后结构主义者和解构主义者关注的焦点。当后两个学派在美国立足进而大行其道之后，尼采再次被认定为启发两种思想的主要源泉。一些分析哲学家也发现，尼采并非如先前想象的那样与他们的旨趣相去甚远。出于学术圈中典型的互惠互利的动机，这些学者将他们的一些见解的萌芽归功于尼采，与此同时，通过引用尼采的权威他们进一步确立了自己对这些思想的贡献。如今，由于尼采对各种反差极大的思想以及反思想学派的吸引力，尼采研究正在蓬勃兴起。几乎确凿无疑的是，每年出版的有关尼采的书籍超过了关于任何其他思想家的。

佯称尼采完全不愿看到这样的现状是徒然无益的。尼采在世时几乎完全为人忽视（除非另作说明，本书所言的在世都指在1889年之前，那年尼采精神失常，距他逝世还有十一年）。尽管尼采并没有因此而感到愤懑，正如几乎任何事都不会使他愤懑，但世人的忽视确实使尼采陷入困境，因为他相信自己可以向同时代人传递真理，这些人正在因为忽视这些真理而付出惨痛的代价——这是尼采最精确的预言之一。然而，对打着他的旗号完成的著作或做下的事，他定会嗤之以鼻；学术圈对他的学院化改造的成功，尽管不像尼采所遭受的其他改造那么惊人，但从尼采的角度来看一定极像是最终的失败，因为他无论如何不愿被学术界所同化，在学术界，任何事物都只供讨论而不会付诸行动。

在阐释尼采的观点之前，有必要稍作停顿，来思考一下为什么尼采的著作对纷繁复杂的运动和各种学术思潮都极富吸引力。对于这个问题，更清晰的答案要到后面才能给出。这里一个粗略的解释是，原因恰恰在于尼采的行为特质使人初见即耳目一新。在《悲剧的诞生》（1872）和《不合时宜的沉思》（1873—1876）之后，他的作品通常都是由短小的文章组合而成，篇幅不及一页，风格近乎箴言，尽管我们将会看到，他的箴言式语句与以通常方式来创作和欣赏的格言警句迥然不同：一两行包含人类经验本质的话语，以优雅严谨的确定语气希求人们接纳。讨论的主题庞杂众多，其中的许多话题，如气候、饮食、锻炼和威尼斯，竟会出于哲学家之口，让人不禁诧异。而且通常情况下，他的思考没有依照一定的次序。这就意味着他的思路比大多数哲学家易于进入，他对各种体系所频繁表现出的反感则使读者认为，持有这种反感方为人之常情。尼采的许多"准箴言"内容激进，对于他的所爱，读者从中仅可隐约察觉，但对于他的所恶，却更易于从他惯常的睿智而极端的话语中明确了解到很多。尼采看起来厌恶他那个时代的文明，尤其是德国文明的方方面面，这令读者为之一振。尼采的基本观点是，如果不能创造一个全新的起点，那么我们就在劫难逃，因为两千多年来几乎对所有重要事物的观点从根本上都是错误的，而我们就生活在这些错误思想的残骸之中，也可以说是生活在致命的颓废之中——这样的观点将自主权赋予了那些想要与全部的文化遗产决裂的人。尼采则从未对这种不可能实现的完全决裂抱有任何幻想。

即便如此，有关尼采著作的多种阐释仍需进一步的剖白。这些阐释并没有随着时间的流逝逐渐消减，而是在不断增加，尽管它们已不似从前那般带有启示录的神秘色彩。多种阐释的存在向不知情者暗示着，尼采必定晦涩难懂，而且还有可能自相矛盾。这两点确有其事。但人们如果不能意识到并始终牢记着如下事实，这两点往往会给人造成比实际更为糟糕的印象：事实是，从《悲剧的诞生》开始，在撰写成熟作品的十六年中，尼采发展深化其观点的速度无人能及，并且他很少愿意浪费笔墨，指明自己思想的变化轨迹。

尼采更经常做的是试图以新的视角看待自己早期的作品，以了解自己前行的踪迹；从他考察自己著述生涯的思路看，他似乎认为人们若不了解其早期作品，就无法理解他的后续作品。他想由此以自我为范例，说明禁闭于 19 世纪颓废文化的现代人可以怎样从默从转而反抗，并为彻底的转变提供建议。特别是在 1886 年尼采的创造力濒于枯竭时——尽管他自己不可能事先知晓这一点，他在自己以往的作品上花费了大量精力，为它们提供新的导读，这些导读有时是极严厉的批评；对《快乐的科学》，他实际上写了一本全新的长篇作品来说明写作目的。毋庸置疑，这样做的一个目的就在于表明，对于过去既不应后悔也不必忽略。但是许多评论者却被引入歧途，误以为他们可以据此认为尼采的全部作品仿佛是同时创作出来的。

另一导致误读和令人震惊的歪曲因素源于一个事实，即至少从 1872 年起（很可能更早），尼采必定就已经开始将大部分时间用于写作。已出版的作品数量足以惊人，而他的笔记至少和成书的材料一样丰富。不幸的是，这些未出版的作品（遗稿）大部分留存了下来。如果存在这样一条普遍接受的方法论原则，即在任何情况下未出版的著作都应该与已出版的著作区别对待，那么这并不会造成不幸。然而，几乎没有人遵守这一基本原则。甚至那些宣称会这样做的人也常常为了印证自己对尼采的评价，悄悄地从大量的遗稿中进行语焉不详的摘引。此种处理方式的极大危害在于，尼采的一些核心概念，其中最重要的可能是**强力意志**和**永恒轮回**，得不到充分拓展。尼采通常很确信自己已经发掘了哲学的金矿，以至于只是粗略地记下许多思想，而没有充分发展它们。这就给评论者提供了可能性，在不受制于任何明确主张的情况下将某一思想的发展归因于尼采。一些人甚至认为，"真实的"尼采存在于他的笔记之中，而出版的著作不过是一套精致的——十分精致的——掩饰手法。海德格尔即持有这种荒谬的态度，这使得他可以将自己的哲学观点同时作为对尼采哲学的延伸和批判加以宣扬。

和所有其他的评论者一样，我也将偶尔援引尼采的遗稿，但这样做时我会明确标示。尼采对自己那些付梓著作的最终形式煞费苦心，他是最不可能认为风格可有可无的人。尼采是一个天生的文体学家，即使草草记下的笔记也比大多数哲学家的成品优雅精致。但是如果将他已发表的作品和这些作品的草稿相比，其差异却十分明显。这种差异会让人不禁感到，在将这两类作品相提并论时一定要十分慎重。我之所以强调这一点，是因为正如我们将看到的，对尼采作品的操纵一直是创造尼采神话的一个主要因素。

以上这些仍不足以充分解释，为何尼采会被描绘成忧伤之子①，甚或被描述成带着许多其他的伪装。尽管尼采的观点多有模糊难解之处，同时他也刻意不对理想形象加以明确限定，但人们终究希望失实的阐释有个限度。在此，我只能无奈地说，很

① 忧伤之子(the Man of Sorrows)：《圣经·以赛亚书》第53章对耶稣的指称："这里甚至称他是'忧伤之子'，可见他在世上的时候，经历了如何的屈辱和孤单。"

显然，看起来不存在这样的限度。一个像尼采那样快速获得显赫名声的人，一旦本人对此名声无能为力，他也许就会被人毫无顾忌地用来证明任何一个需要偶像的运动。此时，就像在其他某些方面一样，尼采颇具反讽意味地成为了他自己的反面，即“钉死的肉身”。这大概是尼采写下的最后一段话：“我有义务反抗我的习惯、甚至本能的骄傲所深深反感的事物：**听我说！因为我是如此如此。最重要的是，不要将我和不属于我的思想混为一体！**”（《瞧，这个人》序言，1）然而，在尼采写下这段话之后的一个世纪里，鲜有读者，更鲜有仅仅耳闻过他的人不是这么做的。

第二章

悲剧：诞生、死亡及复活

尼采是一位早慧的学者，少时即创作颇丰。尽管如此，他的第一部著作《悲剧的诞生》，或据第一版之全称《从音乐精神中诞生的悲剧》，却迟至二十七岁时才出版。年方二十四岁即享誉学界并荣任巴塞尔大学古典哲学教授，尼采也许不该为学界对其新著的肆意攻击感到意外，但显然尼采很意外。不论以何种学术规范衡量，《悲剧》[①]一书都不够严谨，更不用说遵从古希腊研究中所确立的学术规矩了。很快，尼采从学生时代起的宿敌乌尔里希·冯·维拉莫维茨-默伦多夫[②]便撰写长篇书评，指责尼采无知，歪曲事实，对古希腊文化和现代世界的类比荒唐可笑。对此，尼采的挚友埃尔温·罗德[③]，以至少是同样激烈的言辞予以回击，一轮争论随后发生。这种由于学术准则被冒犯而引发的论战在学术圈屡见不鲜，尼采因此声名狼藉，虽为时短暂，这却是他日后经常要面对的、仅有的“声名”。

---

① 即《悲剧的诞生》，下同。后文中其他书名亦有类似省略。

② 默伦多夫(1848—1931)，德国古典语言学者，主要研究古希腊文学。

③ 埃尔温·罗德(1845—1898)，德国古典学者。代表作为《心灵》一书。

自此以后，《悲剧》的读者分化为两个阵营：一派认为尼采汪洋恣肆的文风为其论述内容所必需，读来令人振奋；另一派则因厌恶而表示轻蔑。双方观点都易理解：《悲剧》刮起一阵旋风，以它热烈怪诞的激情及在有限篇幅内探讨尽可能多主题的渴望扫荡了一切。尼采借论述希腊悲剧为何行世短暂的史实之名，宣称此悲剧形式近日已在理查德·瓦格纳[①]的杰作中复活。自从在一次偶然的机会中看到了《特里斯坦与伊索尔德》的乐谱，尼采就狂热地爱上了瓦格纳的歌剧。当时他十六岁，经常和朋友们一起在钢琴上弹奏并试唱这部歌剧（《瞧，这个人》，11.6；也见于洛夫，1963）。1868 年，尼采见到了作曲家本人和他当时的情妇——李斯特的女儿科西马。到 1869 年，尼采已成他们的密友。在瓦格纳夫妇侨居卢塞恩湖畔的特里布森时，尼采经常登门造访。毫无疑问，在交往中他们曾多次探讨过《悲剧》的全部主题，瓦格纳也为书中的若干中心论题贡献良多（西尔克与斯特恩，1981：第 3 章）。纵然如此，瓦格纳和科西马收到书的成稿时还是对书中所述大感意外。不管热衷于历史演义的瓦格纳对该书有何等重要的影响，书中众多的新观点足以让他深受启示。

一般支持《悲剧》的读者会为该书最后十章感到遗憾，遗憾于其中长篇累牍地论述瓦格纳艺术是古希腊悲剧之复活这一命题。在他们看来，这个命题不但荒谬，而且偏离了书中前三分之二的内容所确立的主题，从而破坏了全书的统一性。这样的解读几乎完全错过了书中浓墨重彩的论点，也误解了尼采毕生孜孜以求的事业。对于那些希望理解尼采一以贯之的关切的读

① 理查德·瓦格纳（1813—1883），德国作曲家。创作有《尼伯龙根的指环》和《特里斯坦与伊索尔德》等经典乐剧。

者而言,《悲剧》之所以成为尼采著述生涯不可或缺的起点,就在于他在论述中处理问题的方式:他的讨论始于看似远离时代的诸多议题,却逐渐揭示出他真正关心的问题是文化、文化的永久状况,以及实现文化永久性的诸多障碍。

《悲剧》开篇即节奏明快,并且这一势头从未减缓。首次阅读最好尽可能加快速度,一个不错的方法是跳过那些晦涩难懂和明显游离于中心论点(该词应从广义理解)之外的部分。这样一种初读的方式当然包含不加深究地接受,但第一遍通读就采取批判的视角难免使人烦躁或倦怠。感受贯穿着《悲剧》全书的流动性十分重要,在某种程度上,流动性也是该书的探讨主旨所在。在"前言——致理查德·瓦格纳"中,尼采首先提到了"我们正在讨论的严肃的德国问题",并确信"艺术是生命至高无上的使命和生命真正形而上的活动"。然后,尼采恰如其分地以如下论断开始他的论述:"当我们不单能从逻辑推理上了解,而且能够直接感受到艺术的持续发展源于**日神和酒神**的二元性,那么我们就在很大程度上理解了审美科学。"随后在短短几行内,尼采明确表示,他将在三方面继续推进。首先是当代德国文化的危机,其次是一个有关形而上学本质的大胆判断,最后涉及的是"审美科学"。(尼采使用"Wissenschaft"一词指称"科学",它的意义不同于英语中的"科学",指任何一种系统的调查研究——这一点在阅读尼采的全部作品,或更确切地说在阅读其中任何用德语进行的论述时,均应牢记。)

尼采很快转而讨论日神和酒神之间的"对立",但"对立"并不意味着两者是敌对关系。尼采很快就在阐述中点明:"两种如此不同的本能彼此共生并存,又常常剧烈对抗,相互间不断地激发更有力的新生",直到他们"终于产生了阿提卡悲剧——这种既是酒神的又是日神的艺术作品”。这种旨在比任何单一一方创造出更多成果的对立是19世纪德国哲学的特点，它的主要代表人物是黑格尔，尼采基本上毕生都在与这位哲学家抗衡。毋庸置疑，这其中部分原因在于尼采对叔本华情有独钟，而叔本华对黑格尔的厌恶尽人皆知。不过，在阐释对立及其克服方面，尼采并不需要求助于任何辩证法的机制，而黑格尔自己却深受其累。尼采可以通过形象和例证实现他的规划，尽管他在举证时常常带有明显的倾向性。

尼采认为，日神是关于形象的艺术。确切地说，日神**就是**形象。尼采以梦阐释他的观点：最具代表性的日神艺术格外清晰，刻画事物轮廓鲜明，很好地例证了个体化原则。叔本华将这一原则视做我们所犯的主要认识论错误——我们对世界的观察和设想着眼于彼此孤立的客体，包括孤立的个人在内。作为拥有感官和观念机制的存在者，我们无法避免用这一根本错误的方式看待世界。在叔本华看来，这一错误是我们遭受许多最痛苦的幻相和经历的根源，尽管我们并不清楚克服这一错误能否使我们的生活不再那么可怕。

在《悲剧》里，尼采利用了叔本华思想中的困惑之处。很明显，在产生自己的、某种程度上可以说是独立的“艺术家的形而上学”时，尼采并不比叔本华对这些困惑更加明了。在《自我批判的尝试》中，尼采曾以自嘲的方式对自己的写作过程表示质疑。这篇为《悲剧》第三版所写的精彩前言作于1886年，当时尼采正处于自我评价时期。通过使用短语“艺术家的形而上学”，尼采一方面意指某类定制的形而上学可以赋予艺术一种重要性，这种重要性后来他自己也承认过于荒谬；另一方面则指使用艺术或伪艺术手法生成形而上学观点，再用美的标准而非真实性标准对这些观点加以检验。因此,有人将《悲剧》视做一次康德式的先验的论证,其遵循的一般模式是:x是既知事实,即论据。那么为使x成为可能,何种其他的既知事实是必须的?尼采的论据与任何其他哲学家迥然相异,他赋予审美经验以优先性,而审美经验,即便在考虑之中,也通常是哲学范畴里排序靠后的因素。尼采将我们创造日神艺术(雕塑、绘画,尤其是史诗)和酒神艺术(音乐、悲剧)的体验作为他的论据,询问为使我们拥有这些体验,世界必须如何。我们已经看到尼采将日神艺术比做梦,而使酒神艺术作为梦之本质的最初显现与醉的状态相一致,这种状态是感知到的个体化原则得以克服的深度方式,是清晰性的丧失,是个体特征的消弭。

既然我们已经领悟到,日神象征着美丽形象而酒神使我们尽情体验现实同时又不被现实摧毁,那么,为何我们还需要兼备两者?之所以我们被如此建构,是因为现实的体验必须被保存起来,以待特殊情况下备用,正如希腊人意识到的:它是为节日而准备(尼采写作《悲剧》时,首届拜罗伊特音乐节[①]正在筹划之中,但直到1876年音乐节才得以举行)。此外,更深一层的原因在于,形象本身并没有问题,只要我们了解那就是它的真实状态(这将一直是尼采作品中的一个关键主题)。正如我们所见,希腊史诗是日神艺术形式的一种,其最引以为豪的代表当属《伊利亚特》,一部因主题明晰和勾画鲜明令我们欣悦的杰作。真实经历过此段历史的希腊人乐意为自己虚构一个众神自

① 瓦格纳在德国巴伐利亚城市拜罗伊特亲自设计了一座剧院,举办一年一度的拜罗伊特音乐节,上演自己的歌剧。1876年8月13日,第一届拜罗伊特音乐节开幕,上演了瓦格纳的四联乐剧《尼伯龙根的指环》。

娱自遣的王国，对此，尼采的评价值得回味，他认为这是“神正论唯一令人满意的形式”(《悲剧》，3)。正是在这个层面上，在《悲剧》第一版中出现过两次、后来又在《自我批判的尝试》中得到重申的一个论述才成立：“只有作为一种审美现象，世界才具有存在的合理性。”(表述略有不同)对于荷马时代的希腊人来说，极贫乏的生存状态令人不堪忍受，因此，他们表现出一种英雄式的艺术本能，将战乱频仍的生活转变成一种壮观的景象。这就是他们需要众神的原因，他们并不以求得更好的来生安慰自己，就像构想另一个世界时所通常怀有的动机那样，而是在他们自己所可能拥有的任何一种生活和众神的不朽生活之间作出区分。荷马曾令人震惊地向我们表明，众神正因为具有不朽之躯，所以可以肆无忌惮，不顾责任。“谁要是心怀另一种宗教走近这些奥林匹斯山之神，想在他们那里寻找高尚的道德，甚至寻找圣洁、非肉身的空灵、仁慈与怜悯，他就必定会怅然失望，立刻调首而去。”(《悲剧》，3)

尼采一生都对“英雄气概”充满怀疑，如果我们还可以赋予这个概念某种意义，那么这一定发生在对英雄景象的想象过程中。在《悲剧》中，尼采首次尝试给一个短语注入力量，在后来的写作中，他也一直对这个短语情有独钟，这就是“强者的悲观主义”。尼采从未幼稚到成为一个乐观主义者，像一个“非英雄”那样认为生活会一如既往地美好。而我们普通人，作为“非英雄”，只能汲汲于“生活质量”(有人希望尼采会对这个糟糕透顶的短语作出恰如其分的评价)。当我们认为“生活质量”无法改善时，便转而成为悲观主义者，而不是感伤主义者——或如尼采所言的“浪漫主义”者，悲叹着生活的苦难，同时还可能将这种悲叹恰到好处地转化成柔和的诗歌形式。

尼采对荷马以及他在《伊利亚特》中创造的不朽英雄的礼赞充分说明，日神艺术本身并没有问题。但是，它纵容一种幻想，因此存在着固有的不稳定性，易于蜕化而变得不那么有价值。有些探索很可能通向繁难，史诗时代的希腊人拒绝进行这样的探索，而当他们更加清楚自己与众神的关系时，史诗时代便产生出悲剧时代。尼采从很多方面论述过这一重大的转变，其中大多深受他对叔本华的崇奉的影响，这种崇奉充满激情而又十分短暂。在《悲剧》第一节末尾，尼采写道："人不再（像曾经创造众神的人那样）是艺术家，他已经成为艺术品：整个大自然的艺术力量，以太一的极乐满足为鹄的，通过醉的颤栗显示出来了。"读到《悲剧》中位置比较靠前的这一一段论述，我们依性情不同或震惊或恼怒，尼采就是要在论述中不断激发读者类似的情感。他有着大量深刻而动人的艺术体验，而其他经验却寥寥无几，所以只能以一个伟大的批评家在批评的古典传统衰落之后仅有的方式使这些经验具有意义：通过写作一部作品，似乎能随着作品的自然展开，不断复制那些体验的力量和丰盈。

在这样的写作模式下，读者首先接触到的是词汇和短语，随后才去思考它们的意义。尼采原本可以在写作生涯中一直采用这一模式，但他很快意识到此模式并不适合带有学术论文性质的专题著作。上段的引述就是一个很好的例证。尼采将荷马时期的希腊人描述成艺术家，并且由于他们富于创造力（帮助他们忍受生活的能力）、能够虚构出任性多变的众神形象，尼采进而认为，希腊人自身就是艺术品。但是，这样的更进一步首先是一种出于严肃目的的文字游戏，阐明观点之后，仍需进一步证明。叔本华的概念，即在所有的个体表象之下是单一的、本质上不会改变的太一（这一概念为尼采的思考提供了框架），援助了尼采；尼采由此赞颂创造悲剧的希腊人将人变成艺术品，或按尼采的说法，将人变成“生活的艺术家”。希腊人意识到，为了直面现实而不是陶醉于美丽的外表，他们必须面对生活本质上乃个体之永恒毁灭这样的现实，放弃彼此的疏隔，全心为酒神艺术而欢欣；酒神艺术是他们得以抵御野蛮人的酒神节的堡垒，这个节日的核心内容“是一种癫狂的性放纵，其浪潮吞没了一切家庭生活的庄严规范。天性最凶猛的野兽在此脱开缰绳，甚至连被我始终视为‘女巫之淫药’的那种东西，即爱欲与严酷的扫兴混合物，也释放了出来”(《悲剧》，2)。

也就是说，艺术总是具有形式，即便是最极端的酒神艺术也不例外。形式甚至可以达到篡改主题内容的程度，主题内容本身是不名其状的痛与乐的旋涡，其中痛苦占据着主导地位。但是，艺术需要这种篡改，若不如此则难以为人接受。因此，尼采在书的最后部分论述瓦格纳的《特里斯坦与伊索尔德》时宣称，它必须是一部戏剧，因为戏剧中有角色，即个人，这就意味着日神在发挥作用。在该剧的第三幕里，特里斯坦这个角色居于我们与瓦格纳的音乐之间，特里斯坦经历死亡，而我们，在尽可能接触到原初现实之后，生存了下来。因此，悲剧英雄都是一些有着牺牲精神的受害者，我们经由他们得到“救赎”。“救赎”是瓦格纳和基督徒爱用的一个词，尼采此处用过之后很快后悔，但这仍不妨碍他在其他语境下为了论述之便继续使用这个词。

我跳过了《悲剧》中间各章，以便展示尼采如何试图在希腊悲剧和瓦格纳歌剧之间建立连续性。在尼采看来，后者势必比前者对我们更有意义，因为希腊悲剧演出的音乐已经失传，我们只能从现存的关于观众反应的记录推断音乐的效果：观众陷入一种醉(Rausch)的状态，而这一状态直到此时才再度为我们所拥有。若不是面对一个群体的观众，这种状态就不可能出现。这个观众群体产生的是相当于现代足球观众所有的那种身份丧失感，只是更高级些。但是，我们必须关注醉产生的方式，否则，在足球观众和悲剧观众之间就无法作出质的区分。尼采很快便感觉到，出于一些复杂的原因，瓦格纳歌剧的观众和相应的醉后闹事的酒徒无甚差别。但这一想法隐藏于痛苦的未来之中。在当时，尼采试图借助将具有相同幻觉的人们联合起来而复活集体精神。这是“我们要面对的严肃的德国问题”。在这一阶段，尼采认为，德国人具有其他民族所欠缺的对绝对真理和价值的感知力，这一能力很大程度上来源于德国丰富的音乐遗产。

《悲剧》的开篇说明了日神和酒神的二元性，结尾几节又论述了两者极为复杂的辩证关系，通过这种关系，两者相互滋养。而在书的中间部分，我们了解到尼采对希腊悲剧的巅峰（埃斯库罗斯和索福克勒斯）和衰落（欧里庇得斯）的阐释，这种阐释极为系统，几近怪诞。尼采的中心论点是，歌队在巅峰时段起着主导作用，通过它，观众在舞台上看到自身的映像被提升到压倒一切的顶峰，达到痛苦和变形的极致。然而，当欧里庇得斯（他流传下来的戏剧作品远远多于前辈戏剧家）登上舞台时，他对个体、心理，最糟糕的是，对理性之效力（或如尼采所言，对“辩证逻辑”）显示出很大兴趣。尼采毫无犹疑地指出，给欧里庇得斯带来如此腐化影响的是苏格拉底，苏格拉底罪当饮下毒芹，原因不在于他对雅典青年的教唆，而在于他对原本有可能得以延续下来的悲剧性伟大的破坏。“欧里庇得斯成为了审美苏格拉底主义的诗人。”（《悲剧》，12）

苏格拉底之所以成为一个如此激进的反悲剧的人物，就在于他相信理性之万能——尽管可能会有人指出，在《柏拉图对话集》这部在学者们看来最有可能代表苏格拉底自己观点的著作中，除却从反面说明，关于理性万能这一点并没有进一步的论述。而尼采对苏格拉底的描画并不符合这一观点。

> 直觉智慧在这个完全反常的性情中出现，只是为了在某些地方**阻止**清醒的认识。在一切创造者那里，直觉都是创造和肯定的力量，而知觉则起着批判和劝诫的作用。在苏格拉底那里，却是直觉从事批判，知觉从事创造——真是一件赤裸裸的大怪事。
>
> （《悲剧》，13）

对于苏格拉底这个形象，尼采从未感到游刃有余；与尼采同他的万神殿和反万神殿中的其他主角的关系一样，他与苏格拉底也保持着一种痛苦的矛盾关系。原因在于，尼采并不认为直觉和知觉的关系像他此处声称的那般简单，他更确信的是：

> 辩证逻辑中的乐观主义因素，它在每个推论中欢庆自己的胜利，只能在冷静的清晰和知觉中呼吸自如：这种乐观主义因素一旦侵入悲剧，就会逐渐蔓延覆盖其酒神世界，迫使悲剧自我毁灭——最终纵身跳入市民剧而丧命。我们只需要考察一下苏格拉底的一些箴言："知识即美德，一切罪恶源于无知，有德者即幸福者。"悲剧的灭亡已经包含在这三个乐观主义的表述中了。
>
> （《悲剧》，14）

这是一段精彩的控诉，尽管它与欧里庇得斯无甚关联。西方哲学中理性主义的伟大传统与乐观主义惊人一致地携手并进，这并非偶然，而直到叔本华，我们才遇到一个悲观主义的哲学家，他与一个信仰非理性意志至高无上的反理性主义者相契相合，这也不是什么巧合。由于柏拉图主义和基督教的联合，西方传统一直以来就对悲剧充满敌意，而那些伟大的悲剧，尤其是莎士比亚和拉辛的悲剧，不是被排除在神学语境之外就是与这一语境关系紧张。因为音乐的缺席，尼采并不认为莎士比亚是一位成熟的悲剧作家。这一判断使得尼采处境十分尴尬，对于这种处境，他几乎是以全然逃避的态度来面对的。《悲剧》中有关莎士比亚的一个经过简短论证的段落是对哈姆雷特的深刻洞察。尼采将哈姆莱特视做一个洞悉酒神世界的人，意识到所有行动的徒劳无益——他不是一个犹豫者，而是一个绝望者（《悲剧》，7）。不过，尼采并没有考察，如果这能够产生完整的悲剧效果，那么它又如何产生。

更值得商榷的是，尼采根本不去解释音乐悲剧如此匮乏的原因。他似乎想当然地认为瓦格纳创作了这类悲剧——尽管在笔者看来很明显的是，瓦格纳并没有。确实，一个又一个作曲家已经用音乐至高无上的力量证明，不管舞台上的戏剧多么糟糕，它们都可经由音乐得到拯救。事实上，真正打动尼采的是音乐与其他艺术的不同，它能引起极度的痴狂。他赋予悲剧传统意义上的高尚位置，因为这一艺术形式显示出，即使生活显然令人难以忍受，我们依然可以生存。由此，尼采实现了合二为一。

也正是在这一点上，尼采对叔本华的依从最可商榷。叔本华也相信音乐能使我们直接领悟意志的发展变化，因为音乐不以概念为中介。然而，在他对意志的本质——永恒奋斗却永无成就——的一般论述中，很难看出我们怎样或为何会愿意在一种让人直接沉浸于其中的艺术中获得快乐。

在某种程度上，尼采修订了叔本华的观点，他宣称太一是痛苦与快乐之混合，但是如前所述，痛苦处于主导地位。尼采所做的是试图回答一个传统问题：我们为何喜欢悲剧？他认为以往的答案浅薄而自负，因而明智地摆脱了它们。但是，在努力将悲剧塑造成一种能转变看似不可转变之物的中介的过程中，他越过了目标，自己掉进了将真与美等同的陷阱中，对于这个陷阱，他后来以强有力的措辞予以抨击。此时此刻，我们想要问他一个问题，也是十多年后他自己问出的问题：为何是真理而不是非真理？是何种内在于我们的东西促使我们寻求真理？

在《悲剧》中，尼采似乎回答了这些问题，只是答案不甚清楚。事实上，直到生命的最后阶段，尼采才充分深入这些话题。然而，值得注意的是，此时的尼采已经开始他一生的重要探询：一旦看清了生存的真实状态，我们该如何使它变得可以忍受？尼采是通过引用狄俄尼索斯的朋友西勒诺斯的故事来说明这个问题的。西勒诺斯说："可怜的浮生啊，无常与苦难之子，你为什么逼我说出你最好不要听到的话呢？那最好的东西是你根本得不到的，这就是不要降生，不要存在，什么也不要是。不过对于你还有次好的东西——立刻就死。"（《悲剧》，3）然而，尽管西勒诺斯很"机智"，彻底悲剧性的智慧[尼采一直很反对 Wissenschaft（知识、科学）和 Weisheit（智慧）]最终还是将他击倒。这一结果是通过日神和酒神之间复杂的相互作用达成的，书中后半部分一些相当晦涩难解的巧妙构思即着墨于此。随即，尼采给出了最具启发性的评价："悲剧神话所唤起的快感，与音乐中不和谐音所唤起的快感有着同一个根源。酒神冲动及其在痛苦中经历的原始快乐，乃是孕育音乐与悲剧神话的共同母腹。"

(《悲剧》,24)

读者可能已经意识到,这就是勋伯格[①]后来热烈宣称的"不和谐音的解放"。因为,尽管我们发现没有需要消解的不和谐音的音乐单调乏味,世界却似乎更愿意无穷无尽地向我们展示不和谐音,只是间或有所停顿。但是,就此阶段而言,我们没有必要对这一点穷追不舍。尼采的确为我们提供了一种艺术家的形而上学,在这种形而上学中,物质世界顽固地抗拒着被组织起来的命运,由此推动着创造力不断取得成就——这创作同时也是一种模仿,因此我们可以说艺术也同时在向我们展示现实,但却是通过对现实的变形而展现的。

在《杜伊诺哀歌》的开篇,里尔克[②]写道:"因为美无非是/我们恰巧能忍受的恐怖之开端,/我们对它充满敬畏,则因为它宁静得不屑于摧毁我们。"(斯蒂芬·米切尔译[③],此处稍有改动)可以说,诗中表现了《悲剧》的基本思想。这一思想至少令人感到不安,甚至是厌恶(扬,1992:54—55)。它决然地抹掉了崇高与美之间长期以来的差异,将前者纳入后者,并成为其中的首要元素。但这还不算是该思想中最震慑人心的革新。更重要的是,它宣布了尼采的毕生事业所坚守的信仰,他以英雄般的气概在生命中将这一信仰显现。他没有习惯性地给予生活中的痛苦一个否定角色,在当代场景中这样的否定角色比其他任何事物都让他感到压抑。与此同时,他纠缠于一种景象,即世界将成为一

① 阿诺尔德·勋伯格(1874—1951),美籍奥地利作曲家、音乐教育家和音乐理论家。

② 里尔克(1875—1926),奥地利著名诗人,著有《生活与诗歌》、《梦幻》、《杜伊诺哀歌》等。

③ 指英译文。

片恐怖之地，任何想从道德方面赋予世界意义的尝试都根本不可能。这就是为何在《自我批判的尝试》一文中，在比任何人都更严厉地批判了《悲剧》并声称他发现这是“不可能的”之后，尼采仍然发现“它业已显示出一种精神，这种精神不畏任何风险来反抗生存的**道德**阐释和意义”（《悲剧》，“自我批判的尝试”，5）。在几行论述之后，尼采明确指出：“基督教精神是人类迄今所听到的对道德主题的最无节制的阐述。”这不过是事后之见，但尼采一直都对苦难（指其他人的苦难——对于自己他倒是一个令人难以置信的斯多葛派）颇为敏感却是个事实，为此他从各个方面为苦难寻求“解释”，包括苦难对人的益处，苦难作为恶行之惩罚，以及其他在千年来无法忍受的生活中所流传的种种空话。

尼采自己和其他人对《悲剧》的各种指责大多并非言过其实，但《悲剧》却是许多古典学者和人类学家获得启示的丰富源泉。与此同时，由于对日神—酒神之二元性的强调，《悲剧》对世俗世界的想象影响深远。反复阅读这本书，总会有新的收获。一旦弄清全书的脉络，就会从中发现许多在尼采的其他著作中所没有的特别洞见。然而，有一种细读却收效甚微，这就是现今流行的那种寻找奇难、断裂和自我颠覆的阅读，以及解构主义者工具箱中的其他货色。这些方法只适用于思路明晰连贯的作品，毫无疑问，《悲剧》缺少这种明晰。事实上，只有在尼采的热情中，我们才能找到一种连贯性。正是带着这样的热情，尼采在情感的推动下毅然决然地将他最珍视的主题与表现这些主题的偶像焊联在一起。换言之，这是一部年轻人的作品，与后来的作品相比，它并不完全忠实于作者。而且，最令人讶异的是，它是迄今为止对悲观主义世界观最乐观的表达。

第三章

幻灭与隐退

《悲剧》问世前后的那些年，可以说是尼采一生中最快乐的时光，也是他不受疾病、孤独和排挤困扰的最后时光。1872年，随着瓦格纳夫妇离开特里布森迁往拜罗伊特，尼采一直以来拥有的温暖而受益颇丰的友谊也告一段落。瓦格纳离开后，尼采开始质疑瓦格纳歌剧的质量和目的。直至生命结束，尼采从未放弃对这些疑惑的思索。然而于公开场合，尼采仍然是一个瓦格纳信徒，为着一项迫切需要宣传的事业积极地进行宣传。尼采很快意识到他在《悲剧》中过高地评价了德国文化，他对德国文化的状况变得忧心忡忡，因而开始着手写作一系列针对时事的短文，称它们为《不合时宜的沉思》。尼采计划写作十三篇，但只完成了四篇。不过，也许两篇就够了。这些文章很长，篇幅都在五十页以上，这说明尼采并没有找到一种写作形式，恰到好处地表现自己的天赋。在文中，为了解释和提出一个观点，他往往诉诸漫无边际而又流于铺张的表达，这在尼采一生中是仅有的一次，其风格远不如《悲剧》那般引人入胜。

然而，《沉思》更根本的问题还不在于这些方面。书中，在对当代文化之健全性进行评价时，尼采对《耶稣传》的作者、年老的大卫·施特劳斯[①]发起攻击，并且在尼采看来，作者的另一本书《旧信仰与新信仰》危害更大。此外，尼采还亲自实践历史编撰学并且颂扬叔本华和瓦格纳的天赋。然而，除了第二篇“历史学对于生活的利与弊”以外，尼采在上述过程中并没有找到符合他关注的对象的主题。在第一篇中，被他选为批评对象的施特劳斯的那本书，简单得不值得细品，平易得不适合睿智的嘲讽，读者因此疑惑，尼采为何要为它费神，而且很明显，他确实这样做了。尽管如此，这篇文章仍值得一读，它探讨的话题和马修·阿诺德[②]的《文化与无政府状态》极为相近，两者连措辞都令人惊讶地相似。因此，最有效的阅读方式就是将这篇文章与阿诺德的那本浅显而又颇有影响力的小册子一起阅读。文章中包含着尼采最富启发性的一个新词，“文化庸人”，即那类知道自己应该知道的，并且确信这不会对自己造成影响的人。

《沉思》的第二篇是一部伟大的作品，是对我们在何种程度上能在担负知识，尤其是历史知识的同时又不丧失自我的真正思考。文章最后热切地呼吁我们去采纳希腊人的文化观念、抵制罗马人的文化观念，因为前者是一种“作为新的改善了的生长之物的文化概念，没有内在与外在，没有掩饰与习俗，是作为生活、思想、表象和意欲之一体原则的文化”（《沉思》，2.10）。尼采的表述相当精彩，但却像是学校授奖演讲日中的发言，因为这段话中所体现的情感并没有在文章中得到充实。

《沉思》的第三篇“作为教育者的叔本华”让人颇感困惑，因

① 大卫·施特劳斯（1808—1874），德国作家、神学家和历史学家，《耶稣传》是其代表作。

② 马修·阿诺德（1822—1888），英国 19 世纪著名诗人、文化批评家。

为它甚少涉及叔本华本人。对于这位折衷的悲观主义者，尼采所怀有的信徒情结已渐趋减少，他赞颂的主要是这位哲学家对学院哲学家的蔑视。其实，对于这一点，叔本华自己在《附录与补遗》中有着更加中肯的说明。《沉思》的最后一篇“瓦格纳在拜罗伊特”读起来有一定难度。即便我们不了解在写作这篇文章的同时，尼采也在他的笔记中记录了关于瓦格纳的一些严重问题，我们仍可以感觉到有些地方出了差错。这是尼采唯一一次让人听起来言不由衷，他试图重新捕获一种心理状态，这种状态在持续时曾经那么美好，但却在以惊人的速度逃向过去。瓦格纳对此文——“朋友，你怎么对我那么了解？”——的热情，只有一种解释：他太忙而没有时间去读它。这一解释本身成为尼采一生（极少数关键事件）中下一个关键事件的前兆：参加1876年首届拜罗伊特音乐节并与瓦格纳决裂。

大多数尼采批评家都乐意看到尼采最终成为一个瓦格纳反对派，大概因为这样一来他们认为自己就不需要对瓦格纳有太多了解。当然，这样的情形根本不会出现，因为瓦格纳比其他任何人，包括苏格拉底、耶稣以及歌德，都更多地成为尼采作品中的主角。不过，从一个更严肃的层面来看，批评家们也许意识到，如果尼采一直是一个瓦格纳崇拜者，他就无法忠实于自己，只有在忍受了决裂的极度煎熬之后，他才保持住真实的自我。对于这一切，瓦格纳在很长时间内甚至并不知晓。我们无法按轻重之分来辨别哪一个才是导致决裂的真正理由。毋庸置疑，尼采对拜罗伊特音乐节所抱有的天真期待被击得粉碎；瓦格纳的期待也被击碎，但他明白当时形势的实用性所在。《沉思》各篇应该保持平衡，尽管糟糕的是它们并非如此。不过，尼采的这一尝试至少说明，拜罗伊特音乐节需要得到有钱人的支持，同时它也意味着,这次旨在成为社会以最小代价庆祝共同价值观的节日,变成了另一种场合,在其中最为显眼的是时尚界的文化庸人,另外还有皇室成员和其他无关人士。

尼采对身处这些人之中感到惶恐,他逃到附近的乡村以治疗使他日益憔悴的头痛。在那里以及后来,他仔细地考察了自己同瓦格纳本人以及作为艺术家的瓦格纳之间的关系。此时,尼采很明确地感到,他不再想成为任何人的信徒——这肯定是一个关键因素。也许他曾经爱慕过科西马,对此我们尚无明显证据,但这样的推断似乎不无道理。最不令人信服的倒是尼采最着重于对外强调的那番解释:瓦格纳已经成为了一个基督徒。据尼采称,两人友谊的最终破裂缘于他收到了瓦格纳的诗集《帕西法尔》。而事实上,在 1869 年瓦格纳朗读该诗的散文体草稿时,尼采不仅在场而且听到瓦格纳就诗的主题发表看法。因此,两人关系的破裂不可能如尼采所声称的那样属突然之举。此外,尼采自己想要成为一名作曲家的理想,以及在这方面令他尴尬的失败,这两个因素也应予以考虑。他会在瓦格纳面前弹奏业余钢琴曲,而且直到很久以后还在创作合唱歌曲,不过,它们听上去倒像是公理教会的圣歌,只是在几个音符上有些差错,这些歌曲是"生命的赞歌"或"友谊的赞歌"——很明显,这样一个人无法在音乐方面判定自己的天赋。

不仅是作为作曲家,尼采感到失望。全面地讲,他还是一个壮志未酬的有创造力的艺术家。这在很大程度上解释了他在作品中对待伟大艺术家,即使是他最崇拜的艺术家时那种自始至终目空一切的态度。尼采是一类作家的典型代表,从最好的方面看,这类作家的洞察力无可匹敌;从最坏的方面看,他们傲慢无礼,性格扭曲。他们自己没有能力从事艺术创作,于是搜刮别人的成果来填充自己的视野。也许所有伟大的批评家(不管在什么情况下,都是很少一部分人)都是如此。人们当然不会到他们那里寻求对作品的精确阐释——只有非常优秀的批评家才能提供这样的阐释。然而,不管怎样,看到伟大的艺术家的形象在炽热的想象中渐渐似大理石般被归类为“经典”,总是令人欣悦的,这种想象提供的是对艺术家的奇特的、具有高度“偏见”的看法。这样的理解也许比其他任何因素都更好地解释了诸如《悲剧》这样的作品为何具有持久不衰的影响力。

也许,最有助于我们看清两人关系破裂的方式是,在瓦格纳身上,尼采生平唯一一次见到他的一种象征化为肉身。很显然,在《悲剧》之后出版的作品中,几乎所有专有名称代表的都不是个人,而是各种运动、趋势以及生存方式。尼采写作中的这个特色常常是富有创见的,但偶尔也会让人觉得违背常情,甚至产生误导。就瓦格纳一例来说,困惑之处在于,对于尼采来说,瓦格纳首先的确意味着他曾“与名人结交”(《快乐的科学》),尼采无法在写作中将瓦格纳其人与他所代表的事物分离开来,以至于尼采对瓦格纳所表现出的矛盾情感在程度上远远超过对他的其他“反面英雄”。即便不曾与瓦格纳相识,尼采也难免会在作品中给他留出一个重要的位置,因为瓦格纳以最便利的方式为他总结出了19世纪晚期文化的诸多特点。对于这些特点,尼采是深恶痛绝的,尽管这种厌恶并不像他本来希望的那般坚决果断。然而,失掉作为朋友和导师的瓦格纳,却让尼采承受了远超过他承受限度的代价,虽然这是必经之途。

尼采以他所能一直倚靠的唯一方式来处理问题:他勤于写作,完成了一部新作,在几乎所有方面都显示出他迅速增长的力量,从此以后,大多数作品的写作模式也由这本书得以定型。

这部作品就是《人性的,太人性的》,副标题为"一本献给自由精灵的书"。该书共包含九章,每章都有一个非常笼统的名称,分成638个编有序号的小节,其中许多带有标题(尼采后来又出版了两个内容翔实的续篇,因此整部书是尼采所有作品中篇幅最长的一部)。和所有其他以这种模式写作的书一样,这部书读来十分费力。各节虽是按主题划分,但尼采常常允许自己在其中自由发挥,连珠炮似的向读者提出某些话题,随后又迅速用其他话题将这些话题替换,这样一来,读者根本无法记清读过的内容,这令人十分沮丧。解决这个问题的唯一途径就是对那些印象尤为深刻的小节作标记,以便回头查找。尽管采用这样的模式有些冒险,但它却构成了尼采写作策略的一个关键因素。在写作中如此频繁地、突然地使用该策略表明,尼采已经开始对《悲剧》的伪叙述感到不满。虽然辞藻铺张,《悲剧》倒是易于记忆,就因为它有一个前后连贯的主线。

然而,尽管《人性》中不断有新的突破,这部书还是让人感觉到并没有体现尼采最真实的水平。正文前致伏尔泰的献词即显出这样的征兆。因为,尽管尼采可能认为,伏尔泰轻松灵动的浅显思想是自己在坚持不懈地探索深奥的浪漫悲观主义之后真正想要的东西,但将这两种性情视做本质上彼此对立却令人难以苟同。伏尔泰对乐观主义的批判之作《老实人》,本身即是一部地道的充盈乐观情绪的作品。其实,伏尔泰吸引尼采之处,正如17世纪的那些箴言作家对尼采的吸引一样,在于风格上的硬朗。它有着一种日神式的品质,暗示着可以将经验包裹在一个个简洁而又引人注目的形式中。所有好的箴言式作品读来都使人疲倦,因为读者必须完成作者的一大部分工作。作者提供了一个句子,读者就要把它扩展成一个段落。尼采曾说,他要以一页篇幅写出其他人得用一本书表达,并且还没有表达清楚的思想。然而,尼采渴望使用的那种箴言或准箴言具备改造读者意识的效果:换言之,它们有着与诸如拉罗什富科[①]的格言警句相反的效果。尼采身上最显著也是他最擅长的一点是,将经验从以往的束缚中反向释放出来:他的颠覆、戏弄和侮辱使我们不仅因为自己的生存方式,并且因为我们自满于拥有实现自我的最佳范畴而感到羞愧。这些表述并不单调乏味,也不使人感到厌烦,因为它们引导我们朝向一种强化了的意识,即意识到我们有可能逃离常规,不再固守自我。这一直以来都是法国道德家的传统特点,他们是观察家,善于优雅地描述人类固有的生存状态。他们让读者因羞愧而颤抖,但并不期望读者会因此变得与以往不同。

因此,尼采连篇累牍地拿这些道学家调侃打趣,所针对的更多是他们言说的方式而非言说的内容。但这也暗示着某种古怪之处:自始至终,尼采都固执地坚持内容和形式的不可分解。否则他怎么会在《悲剧》中如此强调体裁,说明一部写成戏剧而非史诗的作品能达到的效果截然不同呢?唯一的解释是,他在以极端的方式远离浪漫主义:每种事物都必须在日光下看得清清楚楚,与此同时还要包含无限的暗示意义。在《人性》中,尼采对前者的关注远超过后者。其结果是,相对于他后来的作品,读者感到,尼采在克制自己,在审视境况——以社会生活、激情、艺术家的心理以及孤独为表现形式的人性,同时却没有意愿去改变自己的典型特征。可随机举书中一概括性段落为例:

① 拉罗什富科(1613—1680),法国箴言作家,代表作为《箴言集》。

对深切痛苦的渴望。——当激情过去后，留在身后的是一种模糊的对激情自身的渴望；甚至还在消失过程中，它就向我们投来诱惑的目光。被它的鞭子抽打一定还令我们感到快乐哩。相比之下，温和的感受反而显得乏味；同平淡的快乐相比，我们更愿意接受强烈的不快。

（《人性》，1.606）

这段话极为深刻，它使人产生认同，又不会因为认同而感到震惊。但在其他地方，尼采的精确表述却可能是令人痛苦的："**强迫自己全神贯注**。——只要我们注意到某人在同我们交往和谈话中**强迫**自己全神贯注，我们就有了有效的证据，证明他不爱我们，或不再爱我们。"（《人性》，2.247）

瓦格纳在收到一本有尼采签名的《人性》时曾说，终有一天尼采会因为他没有阅读这本书而感激他。事实上，《人性》的写作向尼采揭示了他自身的某些方面，他一定对这样的发现感到高兴。首先揭示的是，尼采属于那类不会放过蛛丝马迹的人。在许多方面尼采的经验范围都非常狭窄，但这已足够他观察自己身处的文化、观察自己的知交，并对他们进行全面的阐释，这些阐释常常令他们心生胆怯。在《瞧，这个人》这部古怪的自传中，尼采的情绪在危言耸听与滑稽模仿间令人目眩地来回变换。他庆幸自己长了一个美得出众的鼻子，这是哲学家通常不屑于考虑的器官。而正是在《人性》中，这个器官的敏锐第一次得以全然彰显。其次，《人性》显示出，即使在贫困悲惨的境况下，尼采依然可以凭借自生的力量卓有成效地工作。正如在《悲剧》中一样，人们感到，是写作的动力产生了书中的华彩篇章。再次，也是最重要的是，尼采能够全神贯注于一些主题，这些主题引起令人恐惧的苦痛却不带有丝毫愤恨。在《人性》中，尼采证明了他此前未曾倡导过的思想，即最痛苦之事可以转而成为良好的意图，并且展示出奋发向上的精神。与此同时，尼采并没有借此契机突出自己就是这样做的，而在后来一些作品中却表现出这一恼人的倾向。

他的下一部作品《曙光》，副标题“论道德的偏见”，继续沿用了《人性》的写作模式，但在内容上存在明显不同，与他的晚期著作更加接近。在 1878 年《人性》出版受到普遍冷落与 1880 年写作《曙光》之间的两年里，尼采的生活发生了巨大的变化，接下来十年的生活模式由此奠定。尼采的诸多朋友对他的这一转变感到困惑，除了最忠实的几位友人，其余都与他日益疏远。1879 年，几年前就该辞职的尼采终于辞去了巴塞尔大学的教授之职，学生们也已经对他的教学失去兴趣。也是在那一年，尼采患严重的偏头痛长达一百一十八天，这使他无法工作。1870 年在普法战争中任医学勤务兵时，尼采遭受着痢疾和白喉的双重病痛，这使他的健康每况愈下。1870 年代后期的某段时间里，在旅居意大利时，尼采很可能又从一个妓女那里感染了梅毒，最终导致精神失常和瘫痪。自此以后，尼采过着居无定所的漂泊生活，为了可以最大限度地独处以从事写作，他到处寻找有利于缓解病痛的地方。冬天他喜欢到意大利北部的几个城镇，夏季则到瑞士的阿尔卑斯山，自 1882 年后，这样的安排成为每年的惯例。

尼采就阅读《曙光》在书后提供了一些建议：“本书不是用来通读或朗读的，而是用来随时翻阅的，尤其是在外出散步的路上或旅行的途中。你必须能够一次次埋下头去再一次次抬起头来，直到发现身边的一切都变得陌生。”（《曙光》，454）尼采的建议听起来不错，但若全然照做，读者将永远无法通读全书。因此，类似于他以前的作品，一个阅读的好方法应该是：先慢慢地通读全篇，然后，如果可能，再采纳尼采的建议。不过，也许尼采并不在乎提出好的建议，而是意在嘲讽。因为正是在这部被研究得最少的书里，尼采回到了一生为之奋斗的伟大道路上。这部书甚至可能是奋斗正式开始的地方，但这样说就忽略了《悲剧》曾经设定的研究进程。

第四章

道德及其不满

尼采一生的根本关怀，就在于勾勒痛苦与某种文化或多种文化之间的关系。他根据看待普遍存在的痛苦的方式来对文化归类分级，并以同样的标准评估道德规范。这就是为何他先是对悲剧兴致勃勃，而在意识到当代不可能存在悲剧后又意兴索然。这也是为何他一直热情地痴迷于生活中而非艺术中的英雄主义，并且最终用 Übermensch[①]（我故意对此词不作翻译，因为英译的两个词中，superman 过于荒唐，而 overman 矫揉造作）来重新为英雄主义命名。这是他攻击超验形而上学以及一切迷信来生的宗教的基点。当然，这也是他对“存在”最主要的关注点，因为痛苦贯穿他个人生活的始终。

与人如何看待痛苦这一关怀密切相关的，是尼采对伟大而非善的关注。因为，任何伟大都同时伴随着抵御、吸收以及最有效地利用极度痛感的意愿与能力。可以这么说，伟大包含着对痛感的运用，而善则尝试对痛感进行消除。尼采此后的作品都致力于探索这一深刻的区别。在《曙光》中，尼采首次对道德机制以及道德所包含的权威性进行了深思熟虑的分析。

---

① 即“超人”。

为避免误解，有必要从《曙光》中详尽地引用一个段落，这个段落使许多加在尼采身上的批评不攻自破：

> **否定道德的两种不同形式。**——“否定道德”**首先**意味着：否认人们所谓的道德动机真正激发了人们的行动，断定道德只是一些说法，属于或者粗鄙或者巧妙的欺骗（特别是自我欺骗），是人类，也许尤其是那些德高望重的人的拿手好戏。**其次**，“否定道德”可以指：否认道德判断基于真理之上。我们在此承认，道德的确是行动的动机，然而却是这样一种动机：它作为一切道德判断的基础，以**谬误**将人们推向道德行动。这正是我的观点：我决不否认，在许多情况下我们有理由认为，另一种观点——也就是拉罗什富科和其他像他一样思考的人的观点——也同样站得住脚，并且，无论如何得到了广泛的应用。因此，我之否认道德，恰如我之否定炼金术：我否定它的前提，然而我并不否认确实存在过一些炼金术士，他们相信这些前提，并且按照这些前提采取行动。同样，我也否认不道德：不是否认无数人觉得自己不道德这一事实，而是否认这种感觉具有任何真正的理由。不消说，我并不否认——除非我是一个傻瓜——对许多被称为不道德的行为应该加以避免和抵制，或者许多被称为道德的行为应该加以实施和受到鼓励——然而我认为，我们鼓励道德行为、避免非道德行为**根据的是其他理由，而不是迄今为止我们所找到的理由**。我们必须**学会以不同的方式思考**——以便最后，也许是很久以后，收获更多：**以不同的方式感觉**。
>
> （《曙光》，103）

令人遗憾的是，尼采告诉我们“不消说”的话题，他自己也鲜有提及。因为，普遍流行的观点是，尼采确实否认“对那些被称做不道德的行为应该加以避免和抵制”，也否认诸如此类的说法。然而，请注意，在这部谨慎写出的作品中——谨慎是《曙光》的一个典型特色，令人颇为讶异的是，人们很少谈到这一特色——尼采确实提到“许多”行为，但并没有具体指出是哪些行为。我认为，部分原因在于尼采的观点在这一时期正经历着剧烈的变化，而且他可能并不希望自己囿于某些特定的情形。然而在此阶段，尼采也不确定取消道德的那些“前提”能够在多大程度上改变已有的结论。在他紧接着所批判的那些前提中，包含着依据“人类的自保与发展”来定义道德目标的前提。对于这一点，尼采质询道：

> 能否从中确切地得出结论，究竟是应该着眼于人类可能的最长时间的生存，还是应该着眼于人类最有可能的非动物化？在这两种情形下，所需要采取的手段，也就是道德实践，将会多么地不同！……假设我们以实现人类的“最大幸福”作为道德的**目的**和**内容**，那么，这里的最大幸福指的是人类个体可以达到的幸福的最高程度呢，还是指所有人最终可以平均获得的——必然是无法计算的——幸福呢？而且，为什么实现这种目的的途径只能是道德？
>
> （《曙光》，106）

尼采就这样任思路驰骋前行，令无所适从的评论者心生犹疑，不知是否应对这部有价值的著作详加阐发。尼采这样做是有价值的，会累积成一部大部头的作品，但篇幅总不会大过某类著作，后者只知道论述毫无价值的作品，比如论述康德的《实践理性批判》。《实践理性批判》无疑是哲学史上最令人失望的著作，产生于哲学史上最光辉的著作《纯粹理性批判》之后。不管怎样，此处我们无法对《曙光》详加论述。和此前的作品一样，《曙光》对诸多主题进行了反思，其中当代音乐占有很大比重。但这部书的主要目的是表明道德所陷入的混乱局面。尼采以简明的方式指出："'功利主义'。——如今，我们的道德感左右为难，无所适从：对于一些人来说，道德的功利性证明了道德；对于另一些人来说，道德的功利性却驳斥了道德。"（《曙光》，230）

值得注意的是，《曙光》在提出各种主张时体现出了克制与谦卑。没有迹象表明查拉图斯特拉即将从他隐居的山上下来，捣碎我们所有的道德牌匾。书中所表达的大多数观点在我看来无可反驳，但是很显然，并非每个人都有这样的印象。因此，我们看到仍然有许多人——其中包括哲学家——提出种种主张，比如：道德是一个自足的体系，对外在于它自身的事物无所依傍；道德建立于理性之中，道德的基础可以被证实；道德如尼采所言，或者被它的功利性证实或者被它的功利性驳斥。详细论述这些话题十分重要，但这样就会错过尼采思路拓展的要点。因为至少在以英语为母语的世界中，当前所有关于道德的争论都存在许多为尼采所否认的假设。就我所知，所有这些争论都还没有作好准备，去认识我们所遇到的诸般互不相同的道德准则是如何从各种对世界本质的矛盾观点中产生的。例如，常常听到哲学家们谈论对自己"直觉"的信任，认为无须检视，除非这些直觉彼此相互矛盾——这真令人震惊。他们通常以"我的直觉是……”开始一个哲学讨论，就好像他们代表了人类永恒的声音。

也正是基于这样的出发点——不是某个人自己的直觉，就是那些“我们”共享的直觉——才使我们将尼采的许多道德主张习惯性地斥为“精英主义的”、“反民主的”等等。这是每一个尼采评论者都必须应对的一个关键问题，我将引用亨利·斯塔顿的一个完整段落予以说明。在我看来，斯塔顿写作了一部最富启发性的评价尼采的著作：

我们的道德信仰并非降自天堂，也不是我们为了确立德行而亮出的徽章一般的凭证。想想其他一切人类历史吧，包括此时此刻我们这个星球上的多数历史。面对这一残酷、愚蠢以及痛苦的景观我们能说些什么呢？相对于历史，我们应该采取怎样的姿态，作出怎样的判断呢？所有这一切是一个天大的错误吗？基督教试图通过制定一个神圣的计划来弥补历史的伤痛，它赋予历史一种现时现世的理性，然后用来世加以补偿，然而重视人性的自由主义无法赞同此种解释。根本就没有什么解释，只有严酷的事实。然而，这个我们必须面对的严酷事实甚至比那个古老的解释更令人难以承受。因此，自由主义的左翼将它纳入新的叙述当中，根据这种道德叙事，一切固定在历史机器上的生灵都被指派了明确的角色，成为压迫或非正义的受害者。这种观点隐含着一个目的论，现代左翼自由主义就是那个赋予其他历史以形式和意义的终极目的。直到最近的时代才可能出现像舒特（奥费利娅·舒特在她的著作《超越虚无主义：撕去面具的尼采》中谴责了尼采的权力主义)这样的学者,她十分自信自己所给出的评价能够被学术圈接纳,就如同一个基督布道者给虔诚的信徒所写的话语那样被接受。并且,只有在信仰共同体的保护范围内,此一言语行为才能令人满意地发挥作用,通过记诵实现的有价值的事才有意义。当这个道德共同体通过这样的记诵重新认可了自己的信仰,它便得以发展壮大,因为它成为了历史意义的载体,成为人们观察历史、作出判断,而不只是绝望无助或闭目塞听的场所。在历史的背后也许没有任何计划,也不存在补偿逝者的方式,但是我们可以绘制一条无形的公正之线,让它贯穿于历史之中,并以此对历史施加影响。与令人生畏的“事实如是”的历史相对,我们确立的是“**应当**如是”的威严。

然而我们的自由主义于昨日兴起,也可能于明日衰亡。昨日之前,我们的祖先把黑人当成奴隶。我们身处于怎样微弱的光芒之中啊,是否尽管它不可预见,易于消逝,却帮助我们照亮历史,同样它也可能照亮未来?我们想说的是,就算我们的信仰共同体不再存在,也不会对这些信仰的有效性造成影响。公正之线将永远贯穿于历史当中。

(斯塔顿,1990: 78—79)

在这段令人印象极为深刻的论述之后,斯塔顿试图阐明,他不是在一个相对主义的基础上批评自由主义,而只是要强调尼采关于人的历史地位以及价值观具有偶然性的观点。这必定意味着,仅仅像往常那样对尼采晚期的观点表示震惊是不够的,这些观点应被视做某种价值体系的一部分。正是凭借着这些价值，尼采孤独地、因而也是带着日益尖刻的态度，应对生活。

《悲剧》以旁观者的视角看待悲剧，一部分原因在于，它讨论的是戏剧形式而非人类历史。尽管如此，对尼采而言，存在之令人恐惧是永恒的现存事实这一点还是清楚地显现出来。“只是作为审美现象，生命的正当性才能得到证明”——但是我们应记得，尼采在同一本书中还说过，我们自身将成为这个现象的一部分。“生命”并不存在，而我们只是坐在外围的观众席上。如果尼采曾在1871年这么认为，那么，很快他就会以最令人沮丧的方式领受到这种想法的错误。

而且，道德真的意味着社会中得到正式认可的各种态度吗？道德以基本的形式照看着我们的幸福安康，因此，当我们对他人不予理睬时我们至少仍会感到安全。这一点不可否认——当尼采说他并不否认许多所谓的非道德行为应加以避免等等时，他的意思就是如此。这里所说的难道不就是审慎吗？尼采说，当然是。尼采认为，自柏拉图以来的许多哲学家一方面（在低级层次上）向他兜售着审慎，另一方面（在高尚的层次上）兜售着道德，而且试图以一种先验的律令对待它们，这在他看来不过是傲慢的谬语。因此，存在着一种处在实用功能层次上的道德，这种道德为任何想要维持下去的社会所必须——尽管如果一个人足够强大，他就可以在很大程度上不受束缚。但这样的道德只是我们延续生命的手段，当我们到达生命的尽头时，又该怎样赋予生命以意义和目的呢？人们也常用“道德”一词来掩饰这个问题，虽然有些人更愿意谈论“理想”，并声称理想从根本上说是属于个人的。尼采没有考察这些术语方面的问题，但当他谴责道德或道德的种类时，当他称自己是非道德主义者时，他所想的是生命的目的和意义。

正是在这里，问题开始变得复杂。为了尽可能解释清楚，我将在一定程度上放弃对尼采进行时间顺序的考察，同时着重讨论弗里肖夫·贝里曼[1]的一篇文章，《尼采对道德的批判》（所罗门与希金斯，1988）。不过，应该在此重申的是，某些时候评论者之间的认同只限于观点一致。在我要说明这一切的过程中，作为便利条件之道德与作为理想之道德之间的区分将伴随着其他许多差异最终瓦解。

首先应当牢记的是，在某种意义上，尼采并不否定价值观念的存在。认为他否定价值观念的存在是一个普遍存在的错误，这令人感到诧异。但是，尼采所说的“虚无主义”主要就是指对价值的否定，他对即将到来的虚无主义的恐惧超过了任何其他事物。如果说有时他认为自己就是预见虚无主义的先知，这并不意味着他在告知人们虚无主义的到来值得庆祝，而是在耶利米是预见耶路撒冷毁灭的先知这一意义上的。他在一部又一部书中刻画的是西方人渐趋加速地进入一种状态，在那里没有什么价值观能够影响他们，或者他们口口声声说着这些价值观念，而这些价值观念对他们不再具有任何意义。这才是在尼采看来迫在眉睫的事实。那么，同时代人无法洞见的这个灾难是如何生成的，怎样才能得到补救呢？

为了寻找答案，需要从两个方面对道德进行考察：首先是它的基础，其次是它的内容。人们至今仍在践行的道德来源于希伯来—基督教传统，就最广泛的理解而言，这意味着它的源头在于一个中东小部落的神的训诫之中，并且，道德的内容大

① 弗里肖夫·贝里曼（1930—），密歇根大学哲学教授。

体保持不变。由此人们可以直接将这些内容以两种方式先验化。首先，它们的存在是无可辩驳的命令，如果违反就会受到惩罚，这曾经是神即时给出的报应。其次，既然它的内容显然是为部落的生存延续而设计的，这些部落的生存条件在许多方面又与我们截然不同，它的内容就必须抽象，并且与我们所处的生存条件相脱离。这样导致的一个结果就是，一方面，道德变得晦涩难懂；另一方面，道德通过使我们成为与它相适应的那种人而强行与我们发生关联，尽管我们知道，在许多方面这种关联性并不真实。

不仅如此，这个问题还变得更加复杂，原因在于《新约》和《旧约》之间的分歧，以及基督在宣称他是为履行律法而非破坏律法而来时所表现的不恳切(《马太福音》，3:17)。他的许多深入人心的训令与上帝的律法明显矛盾，如“不要抵抗恶人”，而《旧约》仍是经文法典的一部分，因此，基督教总是处于一种道德认同危机之中。这是形成西方道德混乱的一个很重要的因素，但对尼采而言，它不过是一个边缘问题。尼采的主要兴趣在于普遍意义上道德律令的本质。

由于种种原因，近三百多年来，哲学家们一直热衷于支持他们所继承的道德训诫，与此同时，也在试图为这些道德训诫寻找新的根据，这其中也包括否认它们需要任何依据这样的极端情形。正是在这样的情况下，我们为尼采出于对英国的恐惧去攻击乔治·艾略特[①]感到遗憾，他真正想要攻击的是一种传统，艾略特在这种传统中不过是一个小小角色。攻击出自《偶像

---

① 乔治·艾略特(1819—1880)，英国小说家，主要作品有《弗洛斯河上的磨坊》、《米德尔马契》等。

的黄昏》，这虽是尼采晚年的一本书，却像他的其他表现出睿智和苛刻的作品一样，包含着他十年来一直探讨的话题：

他们失去了基督教的上帝，现在却更加坚信基督教道德应该坚守不渝。这是一种英国式的合乎逻辑的行为；我们不希望为此责怪艾略特这个重道德的小女子。在英国，每一次从神学的控制里获得一点解放，人们必定会以真正令人敬畏的方式显示出自己是一个怎样的道德狂热分子，以此恢复自己的声誉。在那里，这是他们赎罪的方式。

我们其他人并不这样做。当一个人放弃基督教信仰时，他就会把他对于基督教道德的权利从自己脚下抽离出去。这种道德绝不是不言自明的：人们得不顾那些英国的平庸之辈，一遍又一遍地揭示这一点。基督教是一个体系，一套对事物作整体考虑的**完整**观点。如若有人打破了其中的一个核心概念，即对上帝的信仰，他就以此摧毁了这个整体：他就不再持有任何必然的东西了。基督教假定，人不知道，也不可能知道，对他来说何谓善何谓恶：他信仰上帝，因为唯有上帝知道。基督教教义是一种命令，其根源是超验的；它超越一切批评及批评的权利之上；只有当上帝是真理时，它才拥有真理——它与对上帝的信仰共存亡。

倘若英国人真的相信，他们"本能地"知道何为善恶，倘若他们因此而认为，基督教作为道德的保证不再有必要，那么我们目睹的就仅仅是基督教价值观的支配地位所造成的**效果**，以及这一支配地位所显示出的力量和深度：这样一来，人们就遗忘了英国道德的起源，也不再感觉到这种道德之所以有权·利存在的那些前提条件。对英国人而言，道德至此不再是个问题。

（《偶像的黄昏》，"一个不合时宜者的漫游"，5）

将"英国人"换做"西方人"，这整个一段对我而言则变成了没有答案的问题。然而很明显，几乎唯一对此表示赞同的就是基督徒，他们合乎情理地坚称，自己的信仰可被看做一个"体系"（就这个词的某种意义而言）。这里，对尼采的论点最引人注目的支持，来自于G.E.M.安斯康姆[①]的著名（在哲学家中）文章《现代道德哲学》（汤姆森与德沃金，1968）。同时，更令人印象深刻的是，安斯康姆在写作时明显不知道尼采的论点。作为一个传统的罗马天主教徒，她写道：

责任和义务的观念——也即道德责任和道德义务，某物从道德上讲正确或错误的观念，以及道德意义上的"应该"观念，这些都应该弃之不用，如果从心理上讲可能的话。因为它们不过是某个早期道德概念的残存之物，或者残存之物的衍生物，而这个早期道德概念本身通常早已消逝。缺少了这一早期概念，它们只能是有害的。

（汤姆森与德沃金，1968：186）

不消说，安斯康姆的建议并没有被证明为"心理上讲可能的"。在这样写时，她毫无疑问就已经意识到了这一点。出于同

---

① 安斯康姆（1919—2001），英国哲学家，主要作品为《意愿》。

样的理由，尼采的断言被认为是“不可能的”，即我们不可能知道用什么来替代这些“应该弃之不用”的术语。

倘若继续阅读安斯康姆的文章，读者就会不断地对这个已然成为尼采信徒却不自知的学者所采取的尼采式语气感到惊讶。例如：

> 要对道德规范怀有一种**法律**概念就要相信我们所需要的……乃是神圣法律所必需的……很自然地，除非相信上帝是法律的制定者，否则，这样的概念就不可能存在；就像犹太人、斯多葛派和基督徒……这就像是说，即便刑法和刑事法庭被废止和遗忘了，“罪犯”这个概念也可以保留下来。
>
> （汤姆森与德沃金，1968：192—193）

这样说一点不错，然而，使尼采和安斯康姆沮丧并且为他们所轻蔑的是，这正是人们设法去做的事情，在大多数情况下并没有受到相关的概念混乱的困扰，而且几乎不加掩藏。

当然，尼采对于人在历史中的这种表现最终意味着什么抱有根本不同的态度。在写于1885年的著作《善恶的彼岸》里，尼采将这个问题置于最广泛的语境当中：

> 人类进化的奇特的限制性，它的踌躇犹豫、迟滞耽搁、频繁的倒退以及交替循环，都立足于以下现实：群畜(herd)的服从本能被最大限度地遗传下来，并且以命令的艺术作为代价。如果人们想象这个本能可以走到肆无忌惮的地步，那么，就根本不存在什么发号施令者或独立的

人。或者，如若确实存在这样的人，他们也会因败坏的良心而受苦，而为了能够下命令，他们就不得不将欺骗加于自身：这里的欺骗指的是，他们自己也只是在服从。实际上，这种情况正存在于今天的欧洲：我称之为发号施令者的道德虚伪。他们知道没有别的办法在他们败坏的良心面前保护自己，除了摆出较古老的或更高级的命令（祖先的、宪法的、正义的、法律的甚至上帝的命令）执行者的姿态，或者甚至从群畜的思维方式那里借来群体的准则，例如，表现为"民族的第一公仆"或"公共福利的工具"。另一方面，在当今之欧洲，牧人（herd-man）把自己说成是唯一被允许存在的一种人，将他的各种品质作为人的真正美德，即公德心、慈善、体谅、勤奋、温和、谦虚、克制、同情，由于这些特性，他是温顺的、平和的，并且对群畜有用。然而，就在领袖和带头人被视为不可或缺的这些情形下，人们一次又一次地尝试着将聪明的牧人联合起来以取代它们：例如，一切议会政体都有这个起源。尽管存在着这一切，对于这些如群畜一般的欧洲人来说，一位绝对的命令者的出现是多么好的祝福，是无法忍受的负担下多么大的解脱。拿破仑的出现所造成的影响便是最近的一次充分证明：拿破仑影响下的历史，几乎就是这整个世纪在它最有价值的人身上和最有价值的时刻中所达到的较大幸福的历史。

（《善恶的彼岸》，199）

这段极富尼采特色的段落可能会引起混合的反应。它游弋在令人信服的、雄辩的修辞论证式风格与旨在振聋发聩的措辞之间。尼采一定希望这些措辞可以震人耳目,即便它们会使大多数读者畏缩退却也在所不惜。"群畜"一词以及它的同根词的使用令人不安,所列出的那些为"牧人"所认同的品质同样令人沮丧,因为我们也认同这些品质:公德心、勤奋、谦虚,诸如此类。我们认同它们是因为我们即是牧人,并且完全不确信我们会成为其他别样的人。我们甚至也不知道,即便可以成为另外一种人,我们是否愿意。然而,我们还是开始感到不安了,因为有关服从的所有问题已经提出来了。我们很乐于服从那些我们相信是正确的指令,但问题在于,既然我们,或者我们中的一些人已经废黜了发号施令者,为什么我们仍会持有这样的信仰?当然,道德信仰首先来自上帝的指令这一事实并不意味着,如果上帝不存在这些信仰就是错误的。这属于"起源的谬误",一种为人熟知的破坏信仰的说法,不足为信。然而另一方面,对抛弃原有信仰就需要新的替代信仰这一说法,不认同则是不明智的,因为我们太容易像"英国人"那样,认为我们"本能地"知道何为善恶——当然,如果我们果真知道,那真是非同凡响,因为我们没有其他真正属于直觉的知识。

眼下我还不想进一步探讨尼采有关道德内容的具体观点,除非那些观点对他论述整个道德制度不可或缺。

尼采神气十足地将《曙光》中开始的话题带入了他的下一本书《快乐的科学》。正是在这部书里,尼采为突破诸多价值观念作好了准备,使他后来可以在《查拉图斯特拉如是说》中对这些价值观念进行彻底剖析。《快乐的科学》是尼采最令人振奋的一本书,因为他在书中充满自信地超越了前两本书所提示的数不尽的想法,与此同时,又没有背负因为写作《查拉》而加于自身的预言负担。尽管对尼采所谓"实证主义"时期的有力抨击仍在继续，但是可以感觉到，我们对他的前进方向已经开始有了更为全面的理解。对后基督教时代的人所陷困境的深刻论述是《快乐的科学》最显著的特色。在第125节，尼采发表了他最著名的宣言：上帝死了。

这一节的标题是“疯人”。那些在市集上听尼采如是宣讲的人认为尼采疯了，因为他们完全不懂他在说什么。人怎么可能杀死上帝？这实际上是尼采在表达极度的痛苦，因为他看到了其他人所未见的上帝之死的后果，看到了这将会带来怎样长久的影响。一旦意识到上帝不再是他们世界的核心支撑，人们会有何种举动，想到这一点他感到恐慌。尼采论述的精要在于，上帝是否存在并不重要，重要的是我们是否相信上帝存在。在过去的几个世纪里，对上帝的信仰已经渐趋衰弱，而人们并没有注意到发生的一切。这一点最严重的后果就是对价值观念的影响，因为，正如尼采在一篇未发表的笔记中所说的：“无法从上帝那里寻求伟大之处的人，在其他地方也将无从觅得。他只能否定伟大或者创造伟大。”如若我们承担创造伟大的重担，那么我们中的大多数或者全部，都会在这一重担之下坍塌。然而，缺少了伟大，生活就毫无意义，即使伟大非人力所及。我们将在后文探讨尼采从基督教自身的内在矛盾追溯上帝之死的辩证逻辑。此时此刻，重要的是上帝之死的后果已经出现，而大多数人并没有意识到这意味着什么，重要的是一旦意识到了这一点，人们将不再认为生活值得一过。

尼采对待基督教的态度，就像对待他所关心的大多数其他事物一样，在最深的层次上存在着分裂。上文扼要说明的是他对基督教所灌输的道德的蔑视，这种情感随着时间的推移而与日俱增。然而，尽管他憎恶作为基督教义一部分的人类的渺小，以及同样作为其中一部分的那套德行，他却十分敏锐地知晓，只有基督教文化才能产生那些成就。人类不可能建造一座沙特尔大教堂去赞颂人本主义的价值，或者创作 B 小调弥撒去肯定对这些价值的信仰。因此，看来后基督教时代最可能的特色就是，人们变得比他们所替代的那些小基督徒们还要渺小。道德可能很糟糕，然而，想要取代它就很明智吗？

第五章

唯一不可或缺之事

《快乐的科学》前四篇行文渐入高潮，越来越精彩恢宏，深刻透彻。第四篇始于新年的决心，沿着前几篇的思路一如既往地前行，同时它也体现出了肯定性思考开始激增，正是这种激增将尼采引向《查拉》。

> 我要更加努力向学，把事物的必然性视为至美，如此我必将成为美化事物的人群中的一员。Amor fati（爱命运）：从今以后，那就是我的所爱了！我无意对丑开战，无意指控，甚至无意指控控诉者。**将目光转移**，这将是我唯一的否定。一言以蔽之：我希望在将来某一天成为一个只说“是”的人。
>
> （《快乐的科学》，276）

这段话语充满强烈的情感，以一种让人沉醉的方式表达出来，因此对它进行严密思考可能会有失公允。我们最敏锐的诊断者尼采永远不可能转移他的视线，而且，假若他真的将目光转移，我们就会看不到他的许多最有价值的作品——这在一定程度上缓和了说他永远都不会成为一个只说“是”的人的指责，也使一个事实更易为人接受，即在他最后写作的五部作品中，三部为攻击他人之作：两部针对瓦格纳，一部针对耶稣；唯一表达肯定思想的著作是关于他自己的。

至少在当时，尼采一直怀揣着这种喜悦兴奋的心情。随后在第290节，他首次明确提示，他所希望的替代基督时代晚期或后基督时代那些渺小之人的应该是何种人：

> **唯一不可或缺之事**——赋予个性一种“风格”，实在是伟大而罕见的艺术！一些人纵览自己天性中所有的长处和弱点，并作艺术性的规划，直至一切都显得艺术而理性，甚至连弱点都悦人眼目——人们就是这样实践这艺术的。这儿增加了许多第二天性，那儿去除了某种原有天性——两方面都需要长期演练，每天付出辛劳。这儿藏匿着无法被去除的丑陋，那儿这丑陋得到重新诠释，成为崇高。不愿变为有形的诸多暧昧被储存下来以备远望之用，其目的在于对远不可测之物进行召唤。最后，当这工作完成时，事物无论大小，如何受一种品位的支配和构建则变得显而易见。这品位是好是坏，并不如人们想象的那般重要，只要是一种品位，这就够了！
>
> （《快乐的科学》，290）

这不是整节的全部内容，但却足以让我们由此论证开去。

早在《悲剧》中，尼采已经提出成为“生活的艺术家”的思想，但那时的语境迥然不同，所以不易辨别这前后的连贯性。在《快乐的科学》中，尼采一路宣扬的是在一定框架下的极端的个人主义，它并不会导向某种难以理解的个人至上主义。然而，一旦我们对他的意象有所感悟，也就会开始感到迷惑。因为，很明显的是，此处勾画的与艺术的类比，或者说与园艺学的类比，无法以一种直截了当的方式得以实现。人只能活一次(永恒轮回将留待后面讨论，因为在此处讨论并无助益：如果在此犯错，这个错误就会如过去一样在将来不断重复)，而艺术家，除了极少数的例外，能够无限地修补作品直到感觉已经获得自己想要的东西。尼采提出的建议是，我们应该审慎地考察自己的天性，并对它进行评定，尽管此时我们还不知道评价标准——什么可以被看做长处，什么可以被看做弱点——并赋予这种天性一种稳定性，这种稳定性就是一般所说的“风格”。对人类性格中的各个要素进行一种“艺术性的规划”确实会给人一种印象：除了注定不受约束的遁世者之外，我们比任何人都更少地受制于外在偶然性。

尽管在论述伊始存在这些疑惑，尼采的暗示仍有引人之处。它开创了古典主义的新形式，在那里，“最强壮、最有支配力的天性按照属于自己的法则在束缚和完善中尽享欢乐”，它们与“那些憎恶风格的束缚并且没有力量控制自身的脆弱天性”(即浪漫主义者)截然相反。尼采就个人风格有许多设想，但很显然，他所诉诸的风格的概念与个人是相分离的。如果没有一些外在的标准，那么只要与其他人不同，任何人都具备风格。仅仅是风格概念的使用已足以让我们意识到，存在着预先给定的框架，人们在这些框架中工作，借助框架的支撑实现个性化。一个明显的例子就是音乐领域里的古典风格，这一风格从海顿直至莫扎特和贝多芬都有表现，后来于某个不确定的时刻消失。当时对于古典风格的束缚是强有力的，但是，如果没有这种束缚，就无法想象会有三位作曲家的杰作。他们之所以能够成为自己，是因为很多东西已被事先设定。在当时，任何人都可接触到古典风格，我们也可以看出，这种风格在（例如）胡梅尔[1]那里得到了完美体现，不过没有产生天才的作品罢了。胡梅尔认为自己的价值在于拥有这样的风格。由此可见，正是在风格与伟大艺术家的强大个性的张力中，我们发现了至高的成就。

然而，尼采就文化所作的分析只适合于当时的条件，现在则有很大不同。如今已经不存在一个可以在创造性张力下起作用的共同风格，因此，我们必须寻找自己的风格。很明显，在这样的条件下，风格概念本身就受到很大限制。尼采说"这品味是好是坏，并不如人们想象的那般重要，只要是一种品位，这就够了！"他这么说的意思是，此处使用的标准不仅是审美的标准，而且具有形式特征。相对于它们的结构形式，各个要素的本质只处于次级地位。这使我们再次怀疑，要素事实上是什么是否真的重要。当然，尼采认为很重要。在本节的结尾处，他写道："只有一件事是不可或缺的：人必须达成自我满足，不管是通过诗歌还是艺术的方式；只有这样，人才值得一看。"然而，达成自我满足至多只是一个必要条件。世界上有许多人达成了自我满足，而且，也正因为如此，他们不值得一看。

诸如这样的段落确实引出一个问题：我们应该将对尼采的理解推到何种程度？尼采倾向于使用那些极端夸张的表达，但是他似乎技巧娴熟地避免了不恰当的应用。而与此相对的危险却是，我们称他"令人振奋"，这意味着我们并没有认真对待他所说的话。在这个特定的情境下，倒值得尼采冒险使用一些生硬的表达，因为那其中包含着对他的作品具有核心意义的思想萌芽。不过，这些思想将远比尼采本人奇特怪异，所以，我们最

① 胡梅尔（1778—1837），奥地利作曲家和钢琴家。

好从尼采笔下的人而非超人的维度来看待他。

因此，如果在性格要素这一问题上，我们暂不断言尼采是否给予了具有风格的人以全权自由，我们就会赞同，我们认为一个人具有风格，是因为他具有应付自如的能力，可以将各种分歧以及那些令大多数人感到尴尬或耻辱的经历合并在一起，纳入一个更庞大的系统之中。在让·雷诺阿[①]的电影《游戏规则》结尾处有一个动人而又滑稽的时刻，令人难以忘怀。一位正在乡村旅店度假的王牌飞行员在一次枪击事件中丧生，这次令人震惊的事件发生之后，旅店的老板劝慰聚集在一起、已被吓得目瞪口呆的客人们。他说起话来如此字斟句酌，精致优雅，以至于其中的一个客人对另外一个客人说："他说是意外事故，这个解释可真算得上新奇!" 而另外一个客人反驳道："他说话很讲究风格，这在当今才是真的罕见。"的确如此。优雅的言谈维持着礼仪，保住了显然已岌岌可危的文明的门面，让客人们可以带着哀悼的而不是责难的或者未释放的情绪回房间就寝。对这种看起来像是委婉语的驾驭能力中有一种力量，一种应对某些经验的力量，这些经验可以让任何一个复杂的人产生分裂或者至少产生自我厌恶的情绪。

对于这一点，尼采毫不讳言。几节之后，他问道：

> 我们有什么办法可以让事物变美、变得吸引人，变得值得欲求呢，如果它们本来并非如此？我倒是认为，事物本身并不美，不吸引人，也不值得欲求……与事物拉开距离，直到看不见它们……凡此种种，我们都应向艺术家学

① 让·雷诺阿(1894—1979)，20 世纪法国杰出的电影大师，代表作品有《大幻影》、《游戏的规则》等。

习，同时在其他方面还要比他们更聪明才是，他们纤巧的能力一般会终止于艺术结束而生活开始之处；而我们要成为生活的诗人——尤其是成为最琐细、最日常的生活的诗人。

(《快乐的科学》,299)

我们可以用一些不那么机智和有品位的话来解释：切勿使自己过分谨小慎微地去做正确的事，也即真实的事。更重要的在于，使事物在最糟糕的情况下可以容忍，在最好的情况下显出美丽。

我猜想，尼采心中所想的是更加本能的东西，而他给人的印象却好像是在有意劝告——这是不可避免的，因为他必须说清楚他希望人们知晓并且身体力行的东西。一次又一次，尼采发现自己陷入了一种窘境：是应该让自己满足于只是给出暗示呢，还是应该将自己认为有必要使人们知道的事情大张旗鼓地说出来呢？尼采希望我们是那种只需要暗示的人，因为我们是如此灵动。然而，他知道，除了预示世界末日的轰雷，我们对任何其他事都会充耳不闻——而且还会控诉那轰雷制造了太多的噪音。在写作《快乐的科学》期间，尼采仍然试着使用一些暗示的、带有挑逗性的表述，以使读者自己在这些表述之间建立联系。查拉图斯特拉因为意识到他将一直为人所误解而经常忍受疲惫，而在此时，尼采尚未感受到这种痛苦。并且，他也不确定，是否可以通过教育使那些仅仅是无知的人具有品位，或者是否有可能对那些已经有着低下品位的人进行再教育。《快乐的科学》基本上是尼采有意识地写作的最后一部乐观主义作品。

不管怎样，此处表现出的是尼采相对而言比较放松的一面，恰好与J.P.施特恩所恰当指称的“艰苦卓绝的道德家”相对。因为，如果某人的性格中显现出了努力的迹象——如果一个人用意志力使自己看似迷人、温和、沉着、随意，那么，这就是最典型的风格上的失败。然而，当我们拥有令人不安的自由去挣脱那些普遍接受的传统限制时，当这种自由**似乎**相应地向我们开放大量的生活方式，并且生活方式过于多样时，如果没有一些可见的张力的迹象，我们就不可能将“内在于自我的混乱”组织起来。甚至歌德，这个越来越能代表尼采所说的自我组织的偶像的人，也无法掩饰为此所付出的努力。当然，歌德是一个以统一驾驭多样性的极限情形，大多数人在面对兴趣与冲动的这种多样性时都会感到束手无策。

尼采的主张，即赋予人格以风格乃“唯一不可或缺之事”（这个短语很可能是对瓦格纳的戏仿，因为瓦格纳剧中的人物通常专注于一种压倒一切的需要），与他对同情的批判有着某种意想不到的关联。批判同情是尼采坚持宣称的最著名的主张之一，也是他一直以来最为坚持的主张之一。在一篇极为精彩的散文（可惜这篇散文太长无法全文引用）中，尼采思考了“受苦的意愿与富有同情心的人”。尼采试问这对同情者或者同情的对象是否有益，并且在随后的微妙讨论中进一步说明，他之所谓反对同情，无论如何与通常人们认为的那种无情、冷酷或者冷漠没有任何关系。针对被同情之人，尼采指出，他的精神状态的构造非常精妙，而那些注意到他陷入悲伤并且急于提供帮助的人则“扮演了命运的角色”，他们从未想到，遭受痛苦之人可能需要痛苦，这种痛苦与快乐交织在一起；“不，他不懂：‘同情的宗教’（或‘心’）命令他们帮助别人，他们相信，越快帮助别

人,帮助就越有力。”(《快乐的科学》,338)

很明显,尼采此处所说的不是为饥饿的人提供食物和水,或者为将要手术的人实施麻醉。他所攻击的同情是指投入全部精力来整顿他人的生活,并且,就像我们通常被教授的那样,以高尚的理由而忽略他人自己的利益。因此,将尼采的意思误解成是在宣扬忽视他人的基本要求是很粗浅的(事实上也是非常普遍的),正如他自己在紧接着就“同情对同情者的影响”所作的讨论中所阐明的那样。“我知道,把我引入歧途的方式不下百种,而且都是冠冕堂皇的,确实都是极为‘道德的’!是啊,现在鼓吹同情的那些人甚至认为,以下做法而且只有以下做法才是符合道德的:离开自己的道路,赶快去帮助邻人。”(《快乐的科学》,338)接下来,尼采雄辩地强调追寻自我道路的艰难,这条路往往孤独,不会有感激和温暖。尼采公开地总结道:“我的道德告诉我:隐居起来吧,这样你才能为自己而活。”

许多人会认为,坚信人可以按照自己的方式生活这种道德是他们无法遵循的道德,其原因很明显:他们没有自己的“方式”——他们有的只是各种竞争、需要、焦虑和难题,这其中没有一个可以作为他们的个体化目标。在建议每一个人都成为自己生活的艺术家的同时,尼采试图应对的可能是一个我们现在所持有的,或者直到现在一直所持有的那个有些苛刻的观点,即独创性居于其他值得追求的甚或必要的要素之上,构成了艺术作品的特性。对人类抱有这样的希望看起来有些荒谬,更不消说命令人们去这样做;它预设的前提是,大多数人对自我的独特性有着强烈的意识——若尼采作如是设想,那么他早就施以重墨去阐明了。

事实上,尼采当时至少想到了那些能够理解他的人——他并没有这样表述过，这是我的理解；如果没有人能够理解他，那么总结出遵循“个人方式”的各种能力的机会就没有价值。这已经将尼采对话的人群限制在一个很小的范围里。那么，其他人呢？如果这些牧人没有能力成为另外一种人，他又怎么可以因此谴责他们呢？然而，尼采并没有谴责他们，只是对他们不感兴趣。人们因此对他的政治主张，或者说缺少政治主张提出质疑，评论者对这个问题比对他的思想的任何一个特点都表现得更加言不由衷。这一点我将留待以后讨论。然而，如何看待那些能够理解尼采的意思，但仍然没有属于自己的特别方式的人呢？他们在逃避，以使自己过得轻松些，或者他们这样做可能是正确的——这是尼采的观点吗？如果尼采认为是前者，那么，他对人之可能性的估计似乎令他自己都感到惊讶。如果是后者，那么，他所说的给予生活以风格则与此并不相关，人们会疑惑，到底尼采希望他们怎样对待自己——那些有天赋的、聪明的、有教养的、敏感的、善于接受的人，他们并没有树立更高目标的意愿，因为尽管他们有着天赋，本质上却是十分被动的。或者，没有人本质上是被动的？更多的问题我们将留待以后讨论。

在完成对风格的讨论之前还有一个悬而未决的问题需要探讨，它值得不断提及。杰出的尼采评论家亚历山大·尼哈马斯[①]提出了这个问题（尼哈马斯，1985），但他没有得出态度超然的令人满意的答案。这个问题是：根据很少有人（当然不包括尼采）会反对的标准来衡量，一个性格极为卑劣的人是否仍可能通过有无风格的测试？如果尼采的那些标准是纯粹形式化的，即所有的标准可以组合成一个整体，而个别的标准无关紧要，

① 亚历山大·尼哈马斯（1946— ），美国普林斯顿大学哲学教授，著有《尼采：作为文学的人生》。

那么,令人震惊的是,答案似乎是肯定的。尼哈马斯写道:“我认为,具备性格或风格这个事实本身是令人向往的。”(尼哈马斯,1985:192)那么怎么看待戈林呢?他的风格无法否认,无可指摘,但是,我们并不希望他拥有很多崇拜者。尼哈马斯说:

> 我不是很清楚,一个一贯作恶多端并且不可救药的邪恶之徒是否真的具备性格;那个被亚里士多德描绘成“野蛮人”的人可能不具备。即使以尼采的形式意义而言,具备性格或风格从而避免极端的罪恶之事得到颂扬,这其中也包含着某种本来就值得赞颂的东西。
>
> (尼哈马斯,1985: 193)

这是令人尴尬的:尼哈马斯只能通过明显的语言学规定推进他的主张,这就是这段话所得出的结论。

其实,没有必要这样费尽周折地为尼采辩护。正如我此前所说,尼采在《快乐的科学》中所建议的应被视为朝向一个目标的最初行动,这个目标连他自己也并无信心能够达到。事实上,他是在为成就自己的不朽之作进行准备,而第四篇的最后两章,也就是《快乐的科学》第一版的结尾,则孕育着后来使他成就声名的著作。倒数第二节“最重的分量”介绍了永恒轮回的概念,这个概念令人如此恐惧,只有最坚强者才能承受,而且最坚强者会为此狂喜。最后一节“悲剧开始了”几乎与《查拉》开头的内容字字相同,它是整部书的预告,若不是如此,这一段简直难以理解。我们必须承认,在给予自己生平的作品以统一性方面,尼采在这里作出了最为明显的努力。

第六章

预言

在过去很长一段时间里，尼采最著名的作品要属《查拉图斯特拉如是说》。而现在，我认为，情形已不如此。就整体而言，我对这样的发展趋势表示认同。这部灵感迸发状态下写就的作品过分清晰地展示了灵感所能显出的最糟糕迹象，尽管其中不乏作者最精彩的文笔。在书中尼采试图确立自己哲学家诗人的形象，为了这个目的，他用一套习惯用语向人们揭示他心中的诗歌为何物，这难免令人沮丧。他运用了大量意象和寓言，这些意象和寓言他在其他场合也使用过，但效果却比这里好得多。此处给人的第一印象是戏仿：最明显的是对《圣经》的戏仿，从直接呼应《圣经》的语言到滑稽的模仿——读者很容易忽略这其中情绪的变化，因为每章结尾处重复出现的"查拉图斯特拉如是说"已经使他们变得有些麻木。书中确实包含着诗歌，其中一些已经广为人知，并且成为许多作曲家的素材，对这些素材运用得最成功的是马勒[①]和戴留斯[②]。我们可以看出，为何这些诗歌对于两位作曲家特别具有吸引力。他们都是有着强大的强

---

① 马勒（1860—1911），奥地利作曲家、指挥家。

② 戴留斯（1862—1934），英国作曲家。

力意志的人，一生的大部分时光都在唤起尘世的完满与美丽，绵延持久，与短暂的人生形成对照。但是，他们的成功也同时暴露了尼采-查拉图斯特拉身上的一面——怀旧，这一面正是尼采所努力摆脱的。

在《查拉》中，最真诚的语气是遗憾，它常浮现于书中令人讶异之处；最不令人信服的语气是欣喜与肯定，查拉图斯特拉竭尽全力地要反复表达这样的情绪，因为它们是超人的到来所必不可少的依据，查拉图斯特拉就是他的预言者。然而，这个预言者并无意向招拢信徒，这是他尤其渴望强调的一点，因为这一点将他与所有其他预言者区别开来。但是也许有人会发问，一个言说真理的人是否应该拒绝拥有尽可能多的信徒。答案似乎是，查拉图斯特拉本人仍不确知驱使他离开自己的山冈而"下山"或"入世"的真正原因—— 一个对尼采而言虽经仔细考虑却仍然暧昧不清的原因。在第四部，魔术师道出了一直以来与查拉图斯特拉形影相随的忧郁，他唱道："我从一切真理中被放逐，唯一的傻子！唯一的诗人！"在第一部分的最后一节"论赠予的道德"中，查拉图斯特拉对信徒所说的话让尼采十分引以为豪。因此，在《瞧，这个人》序言的结尾处，尼采引用了这段话：

> 我真诚地建议你们：离开我吧，而且要提防查拉图斯特拉！最好是：为他感到羞愧吧，也许他已经欺骗了你们……人若只是当学生，那么就是对老师的最糟糕的报答。你们为什么不愿扯掉我的花冠呢？…… 你们说，你们信仰查拉图斯特拉？但是，查拉图斯特拉对你们又有何用？你们是我的信徒——但是，当信徒对你们又有何用？你们还没有寻求自身：而你们却发现了我。所有的信徒都

是如此。因此,一切信仰都是微不足道的。

这段话充满力量,然而,这样一段深思的智慧出自一个预言家之口未免令人感到奇怪,因为预言家通常不作辩解,只是宣布。那么,信徒们通过什么样的方式才能在查拉图斯特拉的训诫中发现何为正确、何为错误呢?拒不接受未经独立真理检验的敬畏是令人钦佩的,这也明显是尼采旷日持久地与基督抗争的一部分。然而,这也使得我们全然不知如何理解查拉图斯特拉的训诫,作为堕落者,我们并不是最佳评判者。

面对一个自我怀疑的预言家,一个对自己提到的任何事物都提示要审慎对待的人,我们真的感到很棘手:我们面对的是一个矛盾修辞的具体化身。查拉图斯特拉并不是第一个警示我们成为诗人有多危险的人。然而,这样的危险仅在于使得一个问题变得有些复杂,此问题即,如何对待一个似乎不仅仅是越来越持怀疑态度的哲人艺术家。在这些不利的条件下,我们所能做的就是努力参透查拉图斯特拉所见之幻象,看看它们在多大程度上支配了我们的想象,并且时刻谨记,这些幻象是不道德的。但是,如果我们最终发现这些幻象本身晦涩难辨,我们就不得不把它当流浪汉小说[①]来欣赏。对于这本书,我最终确信这是我们唯一可以做的事情。

以上给出的这些提醒有些令人沮丧,但是书中仍有许多精彩的片段读来令人难忘。开篇即给人以深刻印象,查拉图斯特拉自山巅而下,他的下山宣言(可以这么说)充满了真诚的心灵

① 产生于16世纪中叶的一种文学体裁,它以幽默讽刺的笔触、从城市下层人物的视角反映社会生活。此处指不用太计较其真实性。

感悟。然而,查拉图斯特拉随即转入他的核心主题:“瞧,我告知你们何谓超人。超人乃尘世之意义。你们的意志要这样说:让超人成为尘世的意义吧!我恳求你们,我的弟兄们,**继续忠于尘世吧**,不要听信那些跟你们奢谈超脱尘世之希望的人!”(《查拉》,1.前言,3)这段话引入了查拉图斯特拉三个主要概念中的第一个。忠诚于尘世的训诫是尼采不断回顾的一个重大主题,也是我个人最有共鸣的一个主题。不过,我们现在期待的是阐明超人为何是尘世之意义,采用何种步骤才能让他到来,以及在出现之时他会是什么样子。不幸的是,有关这些问题我们从书中所知极少。一些简单的误解——例如,认为超人将会是一种进化现象——倒是可以很快澄清。我们没有理由认为他不具备人的形体,但这不会带来什么启迪。在很大程度上,尼采是用查拉图斯特拉的第二次宣告,即永恒轮回来定义超人的。超人就是那个欢欣地拥护这个信条的存在者,因为这个信条,或者说教条,也是他自身。查拉图斯特拉的第三个训诫是强力意志,这是存在的基本现实。再一次,超人以他最纯粹、最打动人的方式将这一训诫彰显:彰显为自我克服,不管其结果如何。

在查拉图斯特拉不断前行的过程中,所趋向的一件事情逐渐变得清晰明了。值得指出的是,查拉图斯特拉是超人的通报者,但他自己不是超人。不过,两者有着许多相同的特点,而且通常看来,我们要想了解超人,最佳的方式就是将超人当做一个提升了的查拉图斯特拉。

例如,在第四部中,占卜者告诉查拉图斯特拉他的终极罪恶是什么——原来是对人类的同情。人们认为,不用他人引诱,超人就会意识到此乃最终的诱惑。他能够接受人正在遭受痛苦的事实,这不会令他痛苦——如果他因此而痛苦,又会怎样呢?

我们遭受着无处不在的痛苦，并且认为这是最根深蒂固的存在——事实上也确实如此，以至于我们认为在某种程度上这就是生活最深层的状态。快乐总是转瞬即逝，我们因此也认为它很肤浅——或者不过是诱惑而已。我们听到的唯一永恒的快乐是另一个世界的快乐，一种我们无法领会的快乐。由于可以理解的生物性原因，我们将快乐，或者说愉悦，看做一段过程的终点，从而认为当另一段过程，或者同一过程的另一阶段开始时，它就会被取代。在这个意义上，我们都是温和的叔本华派。叔本华本人采取的是更加极端的态度，认为快乐**不过**是痛苦的暂时消除。到思想发展的这个阶段，尼采已经完全站到了叔本华的对立面。和他此前的偶像瓦格纳一样，叔本华已经成为《查拉》列举出的一系列多少有些荒谬的人物之一，不过是稍加掩饰而已。查拉图斯特拉的训诫是——他希望自己的信徒对此持不同意见吗？——快乐比痛苦更加深刻。我们在第四部分的“醉歌”一章（这是英译本的翻译；新的德语评注版译名是“Das Nacht-wandlers-Lied”——“梦游者之歌”）了解到：

世界很深，
比白昼所意识到的更深。世界的痛苦很深；
快乐——却比痛苦更深。
痛苦哀求着说：逝去吧！
可是一切快乐都希求永恒——
希求深深的，深深的永恒！

即使在德语世界，这也不算一首好诗。然而，这首诗的基本情感却很感人，并且对查拉图斯特拉来说，它与永恒轮回最为紧密地相关联。在同一小节的开头，查拉图斯特拉已经明确表达了这一点：

> 你曾对一种快乐肯定地说"是"吗？哦，我的朋友们，那么你们就对**所有的**痛苦也说"是"吧。一切都缠绕在一起，陷入彼此，相互迷恋；如果你们曾要求一个事物再来一次，曾说，"你让我愉快，幸福！停一停啊！只要片刻！"那么，你们就想要**一切**都回归。一切都重新再来，一切都永恒存在，缠绕在一起，陷入彼此，相互迷恋——哦，这样，你们就会**爱上**这个世界。永恒的人啊，请永远并且始终如一地爱着这个世界吧；而且你们也要对痛苦说：逝去吧，但要回来！因为**一切快乐都希求永恒**。

在这一段中，尼采以即使不是热情洋溢也是抒情的方式说出了他在其他场合以更加严肃的态度表达的观点，即对任何事物说"是"就是对所有事物说"是"，因为在因果关系的网络中，任何状态都依赖于自然中的其他存在所处的状态。至少在最初，这就是尼采所宣布的永恒轮回的观点。超人**就是**那个准备好对所到来的一切说"是"的存在者（being），因为对尼采而言，在《悲剧》中所论述的最初的太一之后，快乐和痛苦就总是不可分离。因此，尽管直至如今都一直存在着生存的恐惧，他仍然准备肯定所有这一切。不管怎样，此即我个人对这种恐惧以及对尼采的理解方式。

然而，这仅仅是超人哲学的开始。因为，虽然尼采表达了对生存的无条件接受，认为一切事物都应该严格按照它们曾经有过的状态重复，但是，超人对于他所处的时代会有怎样的作为这个问题仍待解决。情况很可能是，与人截然不同的某物，“是联结在动物与超人之间的一根绳索——悬在深渊上的绳索”(《查拉》,1.前言,4)。他与我们之间的差别正如我们与动物之间的差别。他做任何事都带着坚定不移的态度，但这又会带来什么呢？我们只知道它不会带来什么——渺小、被动、愤恨。在查拉图斯特拉身上存在着一种唯信仰论，即认为只要有着正确的基本态度，就可以做想做的事。这一点在“论贞洁”一章中有明确表述。他说：

> 我要奉劝你们消灭感官吗？我是在劝你们保持感官的纯洁无邪。我要奉劝你们保持贞洁吗？对一些人来说，贞洁是一种美德，可是对多数人来说，贞洁却几乎是一种罪恶。他们的确可以克制自我，可是从他们的一切作为中却有肉欲这只母狗嫉妒地斜睨着双眼。上至他们美德的峰顶，下至他们精神的冷漠地带，都有这只母狗和它的不安紧跟着他们。如果不给这只母狗一块肉，它会知趣地只讨要一块精神。

这段话里有一丝清教主义的味道，但表达得很圆滑，尤其是最后一句话，带着查拉图斯特拉惯有的祈使语气，令人感到宽慰。然而，除了语气以外，这其中尚有一条处于支配地位的线索在朝着相反的方向发展——不是压制，而是尤为强调费力与艰辛的自我忍耐。这并不令人意外，因为我们知道，尼采最关心的主题乃是伟大，而舒适、合意、感官满足都不利于伟大之形成。那么，超人又将如何成就其伟大呢？尼采一向对取得艺术成就比较关注，因此，人们期望他能有关于艺术的惊世之作问世，然而，令人奇怪的是，《查拉》对这一主题保持了沉默。当然，去思考尚未问世的艺术作品是徒劳无益的，它不同于思考尚待实现的科学成就，因为在后一种情况下，我们尚且知道要回答的问题是什么，在艺术领域却并不存在这种意义上的问题。再者，想象一组超人全部都是艺术家也是荒谬的。那么，他们会是些什么人呢？再继续思考这样的问题毫无用处，因为尼采并没有就这个主题提供什么线索。事实上，尼采似乎没有能力在这方面取得进展，并且尽管和创造其他术语一样，尼采也以创造“超人”这个词而广为人知，但除了自我颂扬的《瞧，这个人》，这种现象并未一再出现在他的作品里。在《瞧，这个人》中，尼采不断提到《查拉》，所占篇幅超过了其他任何一本他写的书。他说：“在这里，人每时每刻都是可战胜的，超人这个概念在这里变成了最伟大的现实。”(《瞧，这个人》，“查拉图斯特拉”，6)

然而，这不过是令人遗憾的一厢情愿罢了。尼采已经屈从于无法摆脱的诱惑，想成为理想创造者——理想如此远离肮脏的现实，人所能做的只是在不断思考着现实之可怕的同时，声称理想绝不像现实那样。这使人想起斯威夫特在《格列佛游记》中刻画的形象：令人讨厌的耶胡人[1](我们自己)和令人赞赏的慧骃马[2]。利维斯[3]针对两个形象作出了恰如其分的评价：“他们也许拥有全部的理性，然而耶胡人却拥有全部的生活……简而

---

① 《格利佛游记》中的人形兽，其邪恶、贪婪、肮脏的本性象征着人类自身。

② 在《格利佛游记》中，慧骃马代表着仁慈、高尚、理性等一切美好的天性。

③ F.R.利维斯(1895—1978)，英国文学评论家，主要著作有《劳伦斯》、《英诗新方向》、《伟大的传统》等。

言之，慧驷马干净的皮肤延伸于一片虚空之中，而本能、情感和生活，这些让清洁和体面变得复杂的问题却留给了一直与肮脏和无礼相伴的耶胡人。”这与人和超人的关系出奇地相像，虽然也许没有那么不可思议，因为任何一个人，要想指明超越并且否定人性的理想，都一定会遭遇这些困难。

在《查拉》的前面部分有着另外一番解释，或者说，这番解释也许只是想对人们所称的“精神”进程进行补充说明。那是查拉图斯特拉的第一篇演说，当时，他似乎还不太善于使用比喻性语言，这一点可以从该段有些蹩脚的表述中判断出，正如埃里希·赫勒[1]所言，它引来“一种极端的动物学意义上的，并且是精神上的不适之感”（赫勒，1988：71）。起初精神是作为一匹骆驼出现的，也就是说，现代人在各种价值的压迫下不堪重负，因为这是一个具有压迫性的传统，由义务和违背此类义务所导致的负罪感所构成，而人不可避免地会违背此类义务。奔向沙漠之后，这匹骆驼先是步履蹒跚，但最终起而反抗。为了战胜一条龙，它蜕变成了一只狮子。这条龙的名字叫做“你应当”，是它给骆驼制造了难以忍受的负担。它宣称：“一切价值都早已被创造出，我就是那被创造出的一切价值。”狮子为了用“我要”取代“你应当”而进行反抗。然而，尽管狮子能够反抗，他也只能为新价值创造自由，而不能创造价值本身。狮子说了一句神圣的“否”，这就是他的结局——他已经为能达到的唯一目的履行了义务。至此一切都很清楚了。最后一次变化令人吃惊：他变成了一个孩子。

---

① 埃里希·赫勒（1911—1990），英国散文家、学者，主要研究领域是德国哲学和文学。

> 捕食的狮子，为什么必须变为孩子呢？孩子是天真，是遗忘，是一个新的开始，一场游戏，一个自转的轮子，一个肇始的运动，一个神圣的肯定（“是”）。为了“创造”这一游戏，我的弟兄们，需要一个肯定：这时，精神想要拥有它自己的意志，丧失世界者会获得他自己的世界。

除了其他的含义外，这必定是尼采在诠释基督的话语：“除非成为幼小的孩童，否则无法进入天国。”（《马太福音》，18:18）在其他地方，尼采使用了短语“生成之无邪”。在写作中的一些紧张时刻，他有时诉诸那些自相矛盾的，或者在最深层意义上带着感伤色彩的表述方式，因为他知道，在这种组合的表述方式中，一个因素如此深入地嵌入我们自身、无法抽离，而另一个因素可以改变，虽然它看上去那么不可调和。因此，早在《悲剧》中，我们就听说了“演奏音乐的苏格拉底”，而事实上，尼采是在以他特有的方式刻画苏格拉底反音乐的特点，以此说明苏格拉底的本质。在一份未发表的笔记中，尼采还记述了“有着基督灵魂的罗马皇帝凯撒”。

这些是知其不可为而为之的动人尝试，还是意义的强加？我们有理由认为是前者，因为尼采就是一个极端分裂的人。他情不自禁地崇拜苏格拉底，远比公开承认的要热烈；并且正如我们将要看到的，当他以抒情的笔法描绘所谓“理想的颓废者”时，《反基督者》几乎超出了他的控制。让我们再回到《查拉》，尼采对生活采取了被当今的视频图书馆称为“高度成人化的”一般态度，然而令他着迷的仍是孩子的想法，这个孩子全神贯注于玩耍，时而严肃，时而出神，总是那么天真而无知。尼采是否想让他的超人成为瓦格纳歌剧中西格弗里德那样的人,对世界一无所知,却又因为渴望了解而痛苦?似乎不太可能。那个短语"一个新的开始"是危险的。因为在我们的选项中,没有对过去一笔勾销这一项,对这一点的清醒认识是尼采作为颓废鉴赏家的一个典型标志。我们需要有一个自我去克服,这个自我是整个西方传统的结果,同时它又试图"扬弃"("aufheben")这个传统。尼采并不喜欢"扬弃"这个词,因为它打上了黑格尔的烙印,同时意味着"拭去"、"保留"和"拾起"。这难道不就是超人受命去做的事,或者如果我们放下他,自己想要重新获得救赎,就必须越过现在的生活状态,进而去做的事?成为孩子,或作为孩子的那个理想,除了附属于基督教教义以外,还带有浪漫主义的色彩,奇怪的是,尼采竟会认可这种浪漫主义。我确信,尼采强调的是孩子所拥有的不自觉状态。然而,对于我们,或者比我们更高级的生命,想在目前达到这一点几乎是无法想象的。

这样我们就回到了信奉永恒轮回的超人,这是尼采思想中最难解的主题。它只是意味着"如果……将会怎样?"的质疑精神,还是关于宇宙本质的一个严肃假设?《快乐的科学》第四篇倒数第二节说明的当然是前者。但是,在尼采的笔记中,包括那些在他身后编入《强力意志》里的部分,尼采试图以证据证明永恒轮回乃一普遍原理。他根据的事实是,如果宇宙中原子数量有限,那么它们必须具备此前就有的一种构造,这就必然导致宇宙的历史自我重复。这是尼采最缺乏启发意义的思索,而这些实验性的思想未能发表倒令人欣慰——或者说将会令人欣慰,假使学者们没有为了理解尼采而试图从这些思想中寻找蛛丝马迹的话。这些学者因为尼采自己对这一想法的兴奋而受到鼓舞。尼采在瑞士恩加丁谷——那个"超越人类与时间六千英尺之上"的地方产生了这个思想,他将这一思想当做人类的直觉之一,并且确信,在此直觉中存在着某种深刻而真实的东西,尽管无法确切知道它是什么。

关于这一信条的宇宙论观点并未得到普遍的肯定。然而,尼采自己对这一信条(或者至少是对这一信条的名称)充满热情,这给批评家们留下了深刻的印象,他们充分发挥自己的想象试图解释尼采的真实意图。此处我只能说,在试图使这一思想变得明晰而有趣的过程中,批评家们所给出的阐释反而使人产生疑惑:为何尼采要采用这样一个误导人的命名?简而言之:如果"永恒轮回"一词并不真正意味着永恒轮回,那么,为何尼采不直呼其义呢?

这样一来,留给我们的就只有"如果……将会怎样?"这一方法。对此,我最初的反应是说我根本不在乎,令人惊讶的是,这样反而具备了超人的身份,因为根据证实主义者的立场,如果每一个周期都按它必须存在的状态,与前一个以及后来的周期严格相同,那么,我们就会对上一轮所发生的事,尤其是我们已经做过的事无从知晓。到头来,我们既无法采取措施避免灾难性的结果,也无法带着恐惧或喜悦思索前方的道路。如果永恒轮回确实存在,那么,这已是我第 n 次写作这本书,而我却不会改变书的内容。看起来就是如此。然而,对于许多曾与我讨论过这个问题的人,虽然他们也赞同事情不会发生什么变化,但是,他们仍然不愿承认,这不会影响他们对事物的看法。正如最近一个人问我的那样:只存在一次奥斯威辛集中营的宇宙与存在无限多次奥斯威辛集中营的宇宙,哪一个更糟糕?我们至少可以说,只有冷酷之人才会认为这并不重要。轮回的概念,尽管从实际的角度来看无甚影响,却让人对**确定要**发生的事感到了可怕的重压。

在《不能承受的生命之轻》开头那段著名的话里，昆德拉将这一点作为他关于这个主题的核心思想。他的表述简洁而又意味深长：

> 让我们因此认同，永恒回归的想法暗示了一种视角，由此视角观之，事物并不以我们所知的方式呈现：它们看起来并没有因为转瞬即逝就具有减罪情状。的确，减罪情状往往阻止我们对事情妄下论断。那些转瞬即逝的事物，我们能去谴责吗？落日的余晖给一切都抹上一丝怀旧的温情，哪怕是断头台。
>
> （昆德拉，1984：4）

这段话的要义，或点题之句，是第一句。人们之所以深受永恒轮回这个想法的吸引，原因就在于，他们采取了一种位于任何单一周期之外的视角，因此，他们可以想见这个周期无休止地重复。甚至很可能就是因为看到自己从被困于周期之中转移到周期之外，以神的视角观察整个过程，才使人产生了那种震颤和无法忍受的重力之感；对于坚定地说“是”的人，则激发出对回归的痴迷。

对此，我仍持怀疑态度。无论哪种方式，对我而言都毫无助益，尽管我依然赞赏这个想法给伟大的艺术家们带来的灵感。例如，叶芝在他的诗歌《自我与灵魂的对话》中写道：

> 我满足于重新活过一遍
> 再活过一遍……

我满足于追溯每一个行为
或思想中的事件至其根源；
衡量一切；彻底原谅我自己
当我这样将悔恨抛出
一种如此美妙的感觉流入胸中
我们必会大笑，我们必会歌唱，
我们受到一切事物的祝福，
我们观照的一切都得到了祝福。

如果叶芝没有阅读过尼采并且受到深刻影响，那么，简直难以想象他会写出这些诗行。这些诗行很好地表明，尼采深刻影响着那些对他的思想仅有模糊、不确切概念的人——有时，人们甚至怀疑尼采自己是否真的理解那些思想。这些诗行中也包含了尼采大力宣扬的许多主张，尤其是抛却悔恨的想法。但是在晚期的作品中，尼采并不是通过永恒轮回，而是通过对一般意义上悔恨和回忆的作用进行深入透彻的心理分析来达到这一想法的。

有关永恒轮回，还有一点值得简要说明，这一点使永恒轮回看似一个笑话，尽管任凭怎样想象，这也不算是尼采最精彩的笑话。那就是，它是对彼岸世界所有信条的戏仿，彼岸世界与此岸世界——这个"可笑而又讲求实际的猪猡的世界"，再次引用叶芝的诗——的关系是，彼岸世界在本体论和价值论上具有优先性。永恒轮回揭示的是此岸世界通过无意义的重复创造永恒，而没有揭示天堂与地狱，或者不变的柏拉图式的形式世界。彼岸世界的信条宣称此岸世界只有通过与彼岸世界相关才能获得价值，永恒回归则带着些许戏弄地暗示：此岸世界的价值被剥夺的过程与一个句子不断重复直到变成一堆噪音的过程相类似。让我们再回到昆德拉：偶然事件具有了重量是因为它们发生了不止一次，而“发生一次就等于没有发生”，或者更恰当地说，“任何事都要尝试两次”；但是，重量是一回事，价值则是另一回事。昆德拉，一个在这方面虔诚的尼采信徒，于轻与重、意义（或者价值）与无价值之间确立了灵活的辩证关系。难道我们会询问，或者当询问，我们是否应该因为某个事物在一个无限序列范围内具有独特性或典型性而更加珍视这个事物？这有意义吗？最简短的回答是，这依人的性情而定。尼采的性格过于变幻不定，他会说“两者都是”，也会说“两者都不是”。

查拉图斯特拉的第三个主要教义是强力意志。第一部里名为“一千零一个目标”的一章中首次提到这个概念。这一章详述了查拉图斯特拉访问了许多国家后发现，每一个国家都有可敬之处，但敬重的对象却彼此不同。就这样：

> 在每个民族的头上，都吊着一块刻着善的标准的匾。看吧，这是记录他们克服困难的匾；看吧，这是他们追求强力意志所发出的声音。对于一个民族是困难的，就被认为是值得称赞的；不可或缺又难以获得的，就被称做是善的；那能够释放最深层次的需要的、最罕见的、最困难的——他们就称为神圣的。

后来，在同一章中，查拉图斯特拉强调了权力与价值的关联：“敬重就是创造：你们这些创造者啊，请听好！敬重本身就是一切被敬重事物的无价之宝。只有敬重才能产生价值：没有敬重，则存在之核心乃为虚空。”然而，在这一章的结尾，他说道：

“人性还没有目标。可是,我的弟兄们,请告诉我,如果人性还缺少一个目标,那么,不是连人性本身也欠缺吗?”后来,他又对强力意志如何与价值评判彼此相关作了比较充分的讨论。在第二部分“论克服自我”一章中,还有另外一些对强力意志的简单论述,这些论述更加清晰地表明了两者之间的关系。查拉图斯特拉说:“用‘生存意志’这样的话向真理射去的人,当然射不中:这个意志并不存在[这是对叔本华的批判]……只有生命存在的地方,才有意志:不是求生的意志,而是——如我所说——强力意志。”

这就是尼采在《查拉》中论述的全部主题。换言之,我们再次发现,查拉图斯特拉所预言的更多是其作者未来要写的内容,而不是已经实现并且可以严肃讨论的内容。尼采的问题在于,他坚决反对体系和体系的确立者,就如同他的许多言论所显示的那样。然而,我们尚不清楚,如果要传播一系列新的价值,他该如何避免体系。这一两难困境使得尼采对两个世界都持有悲观的看法:他给出了诱人的暗示,这反而给人们提供了阐释与误解的机会。然而,尽管这些暗示隐含了极其丰富的潜在思想,我们却无法领会它们,并且被告知:如果可能的话,我们必须反对这些过于零散的思想,零散得我们甚至不知道该反对什么。这是对《查拉》最严苛的评价。不这么严苛的评价是可以自圆其说的,但是我更愿意继续讨论尼采的那些后查拉图斯特拉作品。在那些作品中,尼采的能力与作品的深度相称,而且他也不必为了看上去庄严神圣而戴上预言家的斗篷。

第七章

占据制高点

《查拉》是尼采在遭受了人生中最具毁灭性的一次打击之后写作的：他通过朋友保罗·雷[①]向露·莎乐美[②]求婚，但遭到拒绝，结果发现他们两人相互之间比两人与他之间的关系更加亲密。露是一位天资聪颖的女子，后来成为里尔克的情妇，再后来成为弗洛伊德最器重的门徒，弗洛伊德曾以非同寻常的慷慨之语赞颂露在肛门性欲领域的发现。尼采向往着与露合作，在一个他认为与自己智力相当的女人的理解和帮助下继续他的研究工作。有一张很奇怪的照片是在尼采一再坚持下摄拍的，照片上他和雷拉着一辆牛车，露则站在车上挥舞鞭子驱赶着他们。不管这种关联是否真的发生过，重要的是，这张照片出人意料地从侧面呼应了《查拉》中那句臭名昭著的评价，即一个老妇人对查拉图斯特拉说："打算回到女人身边去吗？别忘了带上你的鞭子！"

求婚遭到拒绝后，尼采深感羞辱，几近绝望。1882 年圣诞节

① 保罗·雷（1849—1901），德国作家和哲学家。

② 露·莎乐美（1861—1937），作家和精神分析学家。出生于沙皇俄国，因与尼采、瓦格纳、弗洛伊德和里尔克之间的纠葛与情谊而留名于世。

那天，尼采写信给他的挚友弗兰茨·奥弗尔贝克[1]，他说：

> 这是我经历过的最让人难以吞咽的**生命的苦果**，我很可能会被它**噎着**。我忍受了这个夏天带给我的令人羞辱的痛苦回忆，就像经历了一场精神错乱一样——我在巴塞尔和上一封信中所说的掩藏了最重要的部分。在两种对抗的激情中存在着一种紧张，它让我不知所措。就是说，我使尽浑身解数想要自我克制，但是，我已经在孤独中生活了太久，依靠"自己的脂肪"为生太久，就这样，我被自己激情的车轮碾得支离破碎，没有其他的人会如此……除非发现将污物变为黄金的炼金术，否则，我会从此迷失。此时，我有了一个最为美妙的机会来向自己证明："一切经历都是有用的，每一天都是圣洁的，所有人都是非凡的!!!"
>
> （米德尔顿，1969:198—199；引号内的内容摘自《快乐的科学》第一版的题词，来源于爱默生）

正是在这样的背景下，尼采开始写作《查拉》；毋庸置疑，痛苦促使他采用高蹈的风格，这种风格有时真令人难以接受。然而，也正因为失望与孤独，他试图使用炼金术士手法的努力令人印象深刻，很是成功。痛苦可能也是导致《查拉》中出现大量模棱两可的口吻的原因，对此我并未在讨论中予以关注。然而，查拉图斯特拉容易消沉、颓丧、昏迷，容易因为无能为力而自我怀疑，所有这一切使得我们无法否认，查拉图斯特拉和他的作

---

① 弗兰茨·奥弗尔贝克（1837—1905），德国新教神学家。

者十分相像。

尼采将《查拉》描绘成人类迄今所见最重要的一本书，此类做法表明，不管他如何建议信徒们批判地接受这本书，自我批评不在他考虑之列，至少在当时不是。令尼采更为苦恼的是，该书的前三部出版后，并未在欧洲文化生活中引起什么反响。1885年，尼采不得不自费出版第四部。这说明尼采对同时代人的思想状态缺乏了解。如果他有所了解的话，本不该对此感到奇怪。如果说他此前的书如重石一般坠落人间，那么，与自普罗提诺[①]以来的“哲学家”所写的书相比，这一本一方面更加富有革新精神，另一方面却又显得更加古旧。是怎样的材料造就了这样一本书？

看起来令人震惊的是，在这之后尼采仍然坚持写作，不过是按照《查拉》以前的书建立起的模式去写。尼采坚持认为，他在《查拉》之后所写的每一部书都是对《查拉》的评论，但是，这样的说法似乎并不是对这些书的性质或水准的真实评价，它更像是自我肯定。一则，超人从此不再被提及，永恒轮回很少再次出现，而强力意志也在表面之上和之下交替涌动。再则，从《查拉》之后的第一本书《善恶的彼岸》，到他的杰作《论道德的谱系》，直至最后一年写作的充满激情的那些小册子，都与《查拉》中论述或勾画的内容没有多大关联。

更让我感到惊讶的是，通过写作《查拉》，尼采从他自己建立的体系中一次挖出许多内容——幸好是这样的情形。不管那些对尼采的怪异并且热切的模仿多么站不住脚，它们都是从这

① 普罗提诺（205—270），罗马帝国时代的希腊哲学家，新柏拉图主义奠基人。

本书中得到启示，正是这些模仿构成了我在第一章中谈到的对尼采的狂热崇拜。从尼采其他的书中，他们都不可能得到这些启示，因为嘲弄与试探的语气在这些书中贯穿始终，其间夹杂着尖刻的声讨与谴责，这排除了遵从信条的可能。读尼采的所有书都要求全神贯注于其中，但是若要从《查拉》中有所收益，则需要灵活机动，并且时刻保持警醒。然而，在读了开头几页的长篇大论之后，很少有读者还能做到。如果没有尼采创造的这个预言家，尼采的妹妹伊丽莎白也就没有机会在尼采精神错乱后给他罩上白袍，作为“改变了容貌的预言家”展示给参观者。在《瞧，这个人》的最后一章中，尼采写道：“我非常担心，有一天人们会说我是**神圣的**：会有人真的猜到，为什么我预先出版这本书……我不想做圣人，宁愿做傻瓜。”（《瞧，这个人》，“为什么我是命运”，1）若非如此，尼采的朋友彼得·加斯特[①]也不能够在尼采下葬时说，“愿你的名字在未来后世中变得神圣！”

《查拉》之后，尼采故意给下一部书起了一个容易引起误解的书名：“善恶的彼岸”；不管尼采自己或同时代的人有怎样的看法，这个书名都暗示着对**一切**价值进行重估，而不仅仅是一个人准备用一套新的体系去取代现有的体系，不管新体系有多激进。正是这一点给了人们理由（如果仔细阅读，就会发现这个理由并不存在）去认为，尼采决心要消除人世间的一切价值。事实上，世界本身并无意义可言，也正因为如此才更需要赋予这个世界以价值。那么，怎样才能赋予呢？尼采坚信，我们一直在给世界赋予价值，只是直至如今人们并不这样认为。从把事实

① 彼得·加斯特（1854—1918），原名约翰·海因里希·科瑟利茨，德国作家和作曲家，与尼采一生结谊。“彼得·加斯特”是尼采为其取的笔名。

上是我们发明的东西看做我们在寻找的东西，到充分意识到这就是我们正在做的事情，这中间需要一个过程。如果不想直接落入虚无主义的深渊，我们就必须同时干净利落而又小心翼翼地处理这个过程。

在《善恶的彼岸》开头，尼采巧妙地设计了一种思路，它就我们相对于我们所认定的基本价值——真理——所处的境况，造成了一种最强烈的不安之感。如果尼采可以使我们和他一样对于求真的意义产生怀疑，那么，我们就会任他左右我们的思想，因为再没有比真理更为根本的价值让我们诉诸了。这是尼采采用的一条非常典型的路线，从真理发展到求真意志，进而对我们与世界的关系进行心理层面的分析。他将这一切置于一种猜谜的形式中，就如他所承认的那样，让人很难知晓这里谁是俄狄浦斯，谁是斯芬克斯。“我们更要质询这个意志的**价值**。假设我们欲求的是真理：**为什么不是宁求**非真理？非确定性？甚至无知？”

使得尼采的质疑看起来十分古怪的，不只是几千年来人们对一套根深蒂固的价值的依附。欲求非真理，即知道自己想要非真理，这个想法本身就很古怪。我们完全可以说，人们想要对某事保持无知，或者对其中可能包含的真理不感兴趣。实际上，我们经常这样做。然而，声称或主张人们欲求非真理，则带有逻辑悖论的意味。这完全不同于人们在寻求真理时不求甚解却颇感自满，正如几乎所有人在重要问题上的表现。这也不同于想要相信事实上是虚假的东西，尽管我们事先并不知道。声称“我的许多信仰是虚假的”并没有什么稀奇，任何一个正常人都会同意这一点。然而，如果声称“我的许多信仰是虚假的，包括……”，然后还提供一个清单，这就显得尤为怪异。因为，声称某物为虚假，则表明并不相信。

我所以对这一点详加阐释，是因为尼采确乎建议考察我们何以有求真意志，即意欲赞同我们已经确信或者自认为已经确信为真理的那些命题。如果尼采的用意果真如此，他就是混乱的。如果不是如此，他又想表达什么呢？他不断地（依循一个典型的策略）变换主题，以至于我们如果不小心跟随，就会搞不清他正在研究的问题究竟为何。在第二节，尼采转向了大量不同的主题，其中最发人深省的是形而上学者"对对立价值的信仰"。尼采在《悲剧》中放弃成为一名形而上学者，自此以后他从未停止过对形而上学者的批判。他敏锐地指出，尽管形而上学者宣称他们怀疑一切可能，他们却没有对事物从对立中衍生这一可能性提出质疑。例如，他们否认无私可从自私中产生，内心的纯洁可从贪欲中产生，真理可从谬误中产生。既然渺小之物不能成为价值的本源，那么它们就只能产生于"存在的怀抱中，永恒的事物中，隐蔽的上帝中，'自在之物'中"。换言之，就是柏拉图所确立的那些观念，尼采此处并没有使用这些观念，但在其他地方常常使用。尘世中存在着谬误、丑陋和邪恶（"欲望"），因此，它们的对立面必定来源于超尘世的领域。

与此相反，尼采提出了他的质疑：

> 首先，是否存在对立；其次，被形而上学者打下烙印的那些通俗的价值评价和对立的价值，是否并不只是预先的评价，而仅仅是暂用的视角……用画家们的说法，即青蛙的视角。尽管真的、真实的和无私的事物都具有价值，一种对于生活而言更高的和更根本的价值还是有可能源于欺骗、自私和贪欲。甚至更有可能的是，构成那些

好的、值得尊敬的事物之价值的东西恰恰在于它们与那些邪恶的、表面上对立的事物暗中相类似，相关联，相交织，也许甚至在本质上相等同。也许！

（《善恶的彼岸》，1.2）

照这样思考下去是危险的，而尼采并没有减缓势头。紧随其后，让我们看看他在多大程度上已经从本节开头所关注的问题上移开。尼采此时细致审查的不是我们的求真意志，而是我们认为某些主张为真实的意愿，那些将我们轻视的事物和珍视的事物对立起来的意愿。尼采所做的是举出一些例证，来说明我们认定的真理的基本价值事实上来自于其他更为本能的价值。他希望我们发觉这些例证令人讨厌但却无法反驳。一个哲学家当然会承认，真理乃是一种有意识的反思，但是，尼采进而论证了另一观点，他将哲学家的大部分活动置于本能的层面，声称哲学家有意识的思考听命于他们的意向，“即价值评判，或更清楚地说，为了维持某种生活方式而产生的生理上的要求”（《善恶的彼岸》，1.3）。这听上去很糟糕，然而，在另一篇讨论智识上的道德败坏的文章中，尼采又说：

对我们而言，一个判断的错误并不必然是对一个判断的拒斥；在这方面，我们的新语言听起来也许是最奇怪的。问题在于，一个判断能在多大程度上提升生命、延续生命、维护物种，也许甚至培育物种……对非真理作为生活的条件加以承认，这就意味着以危险的方式抵制惯有的价值情感，而敢于冒此风险的哲学将由此独自置身于善恶的彼岸。

（《善恶的彼岸》，1.4）

这样的哲学将否定我们进行价值判断的基础，从而置身于善恶的彼岸。它也将使我们变成关注全部人类生活场景的人类学家，这样一来，我们也会置身于善恶的彼岸，就像研究原始部落的人类学家“超脱”于他们所研究的部落的概念一样。然而，这样做是把我们置于太高的位置上了——我们被视为新哲学家：《善恶的彼岸》的副标题是“未来哲学的序曲”。任何一个人如果像尼采那样从《曙光》中的“关于道德偏见的思考”那里就开始关注如此影响深远的一件事，都势必会感到自己占据了越来越崇高的位置，因为他意识到，任何有关道德的意见都是偏见。但是，这样的观点确实会产生出尖锐的问题：他如何实现并且维持如此高高在上的视角。在某种意义上，他的处境与众所周知的“人类学家的困境”恰恰相反。即是说，如何理解一个部落，如果它所有的概念你不得而知——因为理解在某种程度上就是准备将相同的概念应用于相同的环境中；如果我们与一个善用巫术的部落之间存在着如此广泛的差异，它的巫术建立在部分部落成员践行的规则仪式与其他成员承受的结果之间的偶然联系之上，那么，看上去我们就无法理解他们到底在做什么——或者至少一些人类学家和理论家会这样认为。

然而，在试图采用人类学的姿态对待他自己的社会以及西方文化的核心传统时，尼采却陷入了一种不同的，但可能更令人担忧的境地之中。因为他第一个认定，不存在可以冷静观察世界并且不受环境影响的实在自我。他愈发迫切地指出，我们并不超然于自己的本能冲动、记忆，以及其他那些由语法（以及衍生于语法的哲学和神学）推演而出的归某一神秘主题所有的状态和性情。这些心理状态由我们成长于其中的社会所决定，使得我们无法与自我相分离去审视一个问题：如果独立于组成我们的事物，我们会成为什么样子。那么，又是什么使尼采能够以神的眼光注视人类的状况，并根据这一状况进行超越善恶的判断呢？

尼采从未直接回答这个问题，尽管他当然意识到了这个问题。他的解决方案，就其本意来说在于一个主张，由于这个主张如此适于解构主义者的阐释，所以成为近年来他最著名的观点。尼采认为根本不存在无法阐释的事实，他就这一点最强有力的主张来自于他的笔记（作为《强力意志》的第 481 节出版）。在尼采已发表的作品中，最明确的声称是："世上**只有**观念的看，只有观念的认知，我们越是允许**更多的**情感去言说事物，我们关于此事物的'概念'，我们的'客观性'就越加全面。"（《论道德的谱系》，3.12）这样一来，阐释主体和阐释对象所处的位置就与朴素的认识论对它们的设定完全不同。我们注定要从自己的视角对事物进行观察，因此，采用尽可能多的视角是一个不错的方法。我们永远无法到达"事物本身"，原因既在于我们自己，也在于就这个短语所具有的传统意义而言，我们没有理由认为存在这样的事物。

尼采从未详细阐明他自己的认识论，我们也没有理由认为他特别想这样。和以往一样，尼采最关心的是文化，并且乐于通过讲述他对于视角问题的研究——虽然这远不足以避免他的观点引起的争议——来强调一点，即我们的信仰，尤其是关于价值的信仰，从未独立于我们在这个世界中所占据的位置。如果一个人试图将他的透视主义置于这种影响之上，这是很令人怀疑的。这无疑解释了，在上述《论道德的谱系》的引文中，为何会有大量引号围绕在机智的话语旁边。然而，就价值而言，尼采以自己的实践表明，一个人如何能采用不同的态度看待一个具体问题，并且从未达到与此问题相关的真理，因为那样就等于假定在价值的世界中存在真理——由此赋予真理优先地位，这一点他当然极力反对。

然而，似乎确实存在着一个标准，它于尼采的第一部作品中首次亮相，并且直到最后一部作品依然存在，所有的一切都是基于这个标准最终得到评判。这就是：生命。我们已经注意到，尼采在《善恶的彼岸》中已声称，一个判断的错误并不必然是对这个判断的拒斥，问题在于，判断能在多大程度上提升生命、延续生命。在写作《善恶的彼岸》的同一年，尼采为他此前出版的作品写作了多个版本的序言，《悲剧》也在其中。在《悲剧》序言里，"生命"再一次成为评判一切事物的标准："以艺术家的视角看待科学，以生命的视角看待艺术"，这在"自我批评的尝试"一节中被尼采称为"这部大胆的作品第一次敢于解决的任务"。生命与什么相对呢？尼采给出的答案并不比其他杰出的艺术家和哲学家给出的更加明确。他关心的当然不是周围生命的**数量**——倘若生命真有数量可言，他也宁愿这个数量少些，宁愿生命处于更高的等级。然而，何为更高等级的生命呢？好了，就是超人吧，一个人可以这样想象。但是，我们已经看到，这个人要想有所助益，就必须对超人有更多想象，超人是查拉图斯特拉开具出来却未指出兑现方式的一张空白支票。是强力吗？既然生命就是强力意志，强力当然关系重大；然而，尼采并不赞同所有强力。他不可能赞同，否则就等于对一切事物都表示赞同。而且，在尼采的哲学中，强力和生命这两个词占据的概念领域如此相同，以至于不是一个洞明另一个，而是两者都需要独立的观照。

所有拥护以生命作为终极标准的伟人——基督、布莱克[①]、尼采、史怀哲[②]、D.H.劳伦斯[③]，仅举几例——都从更为珍贵的生命形式和种类出发，强烈地谴责生命数量过多。在某种程度上，人们领会了他们的意思。尽管，细菌可能宣称它们毋庸置疑地拥有和大的有机体相同的生存权利，而史怀哲正是为了这些有机体才主张消灭这些细菌。并且，此处所提到的被视为“站在生命一边”或者“否定生命”的这五个人在许多方面截然不同。然而，当他们代表生命发言，所说的话模棱两可、并且通常对作决定不利时，他们并非一**无所指**。一般情况下，尼采所指的生命接近于生命力(vitality)，甚而接近于活力(liveliness)。这一点在他评论艺术时逐渐变得清晰。在尼采后期和最后阶段的写作中，对艺术的评判标准是，它是否显示出创造者极为充沛的创造力，或者是否是需求和被剥夺之后的产物。正是作为后一种普遍状况的典型例证，瓦格纳受到尼采的谴责。

有一点至少很清楚：生命力，即使不是充分条件，也是尼采在晚期作品中认可事物的必要条件。歌德(尼采很自然地将他当做神话)这样的人物所以受到尊崇，是因为他能够在广泛多样的领域里，在一个空前多产的生命历程中组织并调动起大量不同的动力。并且(暂时回顾一下风格)，他所做的一切都打上

---

① 布莱克(1757—1827)，英国诗人，主要诗集有《天真之歌》、《经验之歌》等。

② 史怀哲(1875—1965)，德国哲学家、神学家和风琴演奏家。

③ D.H.劳伦斯(1885—1930)，英国作家、诗人、剧作家和文学评论家，主要作品有《儿子与情人》、《恋爱中的女人》和《查泰莱夫人的情人》等。

了自己的印记。然而，在生命这个标准的表面之下，潜伏着强烈的、令人不安的紧张。亨利·斯塔顿围绕着这种紧张写作了他的那本杰作（我们已经引用过书中的一整段），精辟地论述了其中至为关键的一点：

> 一方面，存在着一种全面的体系，它同时包括健康和衰败；另一方面，尼采无法割舍在宣称强大势力战胜衰败力量时感到的满足。这些力量之间的关系问题也就是尼采的身份问题。
>
> （斯塔顿，1990：30）

也就是说，尼采被引向了总体肯定，正如永恒轮回揭示出的那样——如果它有所揭示的话。然而，肯定活动面临着强大反抗，这反抗来自于他对所遭遇的几乎一切事物的极端嫌恶，当然，这些嫌恶就存在于他的同时代人之中。这种紧张与那种生命的紧张相当类似：是一切生命，还是只是最高尚、最好、最强大的生命？

令人惊奇的是，就我所发现，尼采从未注意到他作品中的这种分裂，尤其是这种分裂必然反映出他在试图应对自己的痛苦生命时所经历的种种危机。这种分裂也可以被看做《悲剧》中的日神和酒神的推演。因为日神以一种可忍受的方式表现生命，它排除一切阴霾之面；而酒神不忽略任何事物，强迫我们去直面那些生存的基本恐惧。如若尼采没有发现自己因为种种原因不得不放弃《悲剧》中艺术家的形而上学，那么，他就会为自己建立一个体系，这个体系认可他性格中那些彼此矛盾的冲动，并且解释产生这些冲动的原因。

然而，就在不久之后，那个我们几乎无法忍受的“痛苦”对尼采开始具有完全不同于《悲剧》所预示的意义。在《悲剧》中，痛苦是壮观的，通常情况下是受难，有时也表示一种原初的喜悦。对这种苦难的肯定是令人振奋的，也是几乎不可能做到的，除了最伟大的悲剧作家。正是在这一方面，尼采公开暴露出他的不成熟之处以及经验的缺乏。然而，当经验不断丰富，并且突然来得太多太快时，其结果则是，尽管其中的一些经验令人震惊，如果没有过分渲染，仍可以在酒神的保护之下被看到，大量其他的经验则不在《悲剧》的考虑之中，并且令尼采感到茫然：它们琐碎细小，并不比被一大群虫子叮咬所遭受的痛苦更刺激人。其结果是，如果你是尼采，那么最难面对的就是日常琐事，因为将这些琐事归给任何一位艺术之神都是对他们的侮辱。正因为如此，尼采无法将 19 世纪最典型的艺术形式，即现实主义小说，归入任何艺术范畴。当然也存在着与小说相对的艺术形式，即器乐演奏，它正以西方文化中前所未有的规模和方式蓬勃发展。但是，只有作为悲剧的一部分，音乐才扮演了它最真实的角色。如今，在世俗世界和“纯粹”音乐之间存在着巨大的裂痕：世俗世界明显不受任何形式的艺术美化的影响，而“纯粹”音乐所表现的壮观与悲苦也不被“现实”玷污。将两者结合起来的企图造就了瓦格纳的江湖骗术，因为它最具欺骗性，所以是最令人痛心的当代现象。再没有出现其他人去联合这本不应分离的事物。（就形势的严峻程度来说，尼采在最后关头对比才在《卡门》中表现出的天赋击节赞赏，显得有些平淡。尼采需要一部作品，在其中意义具有普遍性，然而，正如阿多诺所言，《卡门》毫不妥协地拒绝将意义赋予任何事件。）

在第三部的某处，查拉图斯特拉为了恢复精力暂时回到山上，他说：

> 在山下的世间，一切言语皆是徒然！那里，忘却和离开乃是至上的智慧：**这**一点我现在懂了！要理解人类的一切，就必须把握住一切。可是，我的双手太干净，不屑于这样做。我甚至不愿意与他们共同呼吸；唉，我在他们的喧嚣和污秽的气息中生活得很久了！
>
> （《查拉》，3，“还乡”）

查拉图斯特拉继而带着恐惧，讲述了他在人世间遭遇的那些难以回避的空洞言谈。我确信，那就是尼采对他身处的城市环境的通常反应。然而，对不够格的肯定者（affirmer）而言，自绝于几乎所有的人类生活却是一种奇怪的行动。看上去，通过谈论“忘记和移开目光”，尼采试图回避他所瞥见的自己观点中的矛盾之处，就如同在《快乐的科学》第四篇的开头他所说的，“移开**目光**，这将是我唯一的否定”。然而，如果需要目光的事物无所不在，你只能或者生活在隔室里，或者抛开这个世界走入山顶的洞穴中，那么，又会是怎样的结果呢？这种情形所显示的绝望，比与平庸结合并对平庸进行谴责更加令人难以承受。而当尼采有了这样的想法，或类似的想法，他反而下定决心，不管以何种方式，他将肯定一切。毕竟，在一种无限说“是”的哲学里，一开始就将大多数事物划在界外的做法很难称得上高明。当查拉图斯特拉声称，对永恒轮回最大的抵抗就是认为渺小之人将会回归这一思想时，他认可了这一点。在《瞧，这个人》中，带着别具一格的绝望的幽默，尼采表达了相同的思想，他写道：“坦白地说，永恒轮回是我真正深不可测的思想，可对它提出最强烈的异议的总是我的母亲和妹妹。”(《瞧,这个人》,“我为什么如此有智慧”,3;这个段落一直被伊丽莎白封存,直至1960年代才得以出版)

尼采对肯定一切也有着更深的担忧。尽管尼采着迷于一些惯用语,如“爱命运”,他也意识到,这些惯用语不可避免地令人沉闷。因为在肯定与听任之间并不存在易于说明的区别——更确切地,我们可以说,它们形态不同,但在实践中却很难知道这种不同会带来什么。这是微笑与耸肩之间的区别吗?这就足够了吗?肯定生命的全部丰饶——也包括全面分析生活的贫瘠,按我的理解,这并不要求事实上去做任何具体的事情;它至多要求采取一种态度,欢迎发现的一切。但是,如果发现的是渺小与精神的败坏,并且这一切是不可抗拒的,那么,看起来就需要肯定者的干预,从而提升这个世界的格调。这正是阿多诺简要表达出的反对尼采的地方(阿多诺,1974:97—98),也是尼采自己内心孜孜以求的目标,《善恶的彼岸》对此表现得最为明显。这意味着他必须继续向前,在一本书中提出的难题推动着他在另一本中寻求解决——这是他一部接一部笔耕不辍的典型驱动力(参见彼得·赫勒,1966)。然而,尽管下一部是他最杰出的作品,由于尼采毫不退让地坚持诚实,这部作品并未舒缓此种紧张,实际上反而拉紧了它。这使得最后一年,即1888年出版的那些作品,在无比的厌恶与热烈的赞颂之间来回震荡。

第八章

主人与奴隶

尼采为《论道德的谱系》加上了“一篇论战文章”这个副标题，并在次页宣称此书是“我上部书《善恶的彼岸》的续篇，也即补充与澄清”。至少从表面上看，此书与尼采的其他作品形式不同，它由三篇带标题的论文组成，其中包含若干相当长的章节。《道德》一书据说带有学术论文的一些附属部分，但这不过是尼采式的揶揄。尽管论述内容极为严肃，其笔法却是对学术程式的嘲弄式的模仿。这部书无疑是尼采最复杂的文本，至少前两章如此，辩证性逆转运用之娴熟已臻完美，再往前推一点点就会显得混乱了。

值得注意的是，在听过爱德华·希奇曼[①]于 1908 年读出《道德》的摘录后，弗洛伊德说尼采“对他自己的理解之深超过任何在世的或将要来到世上的人的自我理解”（琼斯，1955: 2. 385）。在《道德》中，尼采就如何厘清痛苦之含义以及前人在这方面所作的努力进行了深入持续的阐发。弗洛伊德倾毕生之精力，从截然不同的角度从事着相同的事业，因此他有感而发盛赞尼采之词也不足为奇。《道德》论述之迂回曲折往往出人意料，有时见于全然的矛盾对立之中。这都源于尼采一直以来对人赖以对

① 爱德华·希奇曼（1871—1957），奥地利医生和心理分析师。

抗痛苦的各种方法所进行的思考。因此(按照尼采的思路继续推演),禁欲主义者之所以将某一种痛苦加于自身,不过是为了逃避更多其他类型的痛苦。我们当然无法仅凭此行为本身作出评价。待到第三篇论文《禁欲主义理想意味着什么?》,当尼采逐一检视艺术家、哲学家、牧师及其跟随者所奉行的各种各样的禁欲主义时,他的评价变得丰富并且相互间形成了关联,这些复杂的联系恰恰反映出了尼采的论述已臻精妙,虽然它时常为文字的力量所掩盖。这种精妙表明,现象已不易为可理解的排序所左右。

从整体上看,《道德》一书的发展起于对比的单纯,终于范畴的消解,前者从形式到内容都引人产生疑问,后者则近于不可理解。第一篇论文《善与恶、好与坏》假定的前提是"高贵者",他们因所处地位而担当起价值的立法者,"他们认为并且确立自己的行为是好的,也即上等的,与所有低下的、卑贱的、平庸的和粗俗的相对。正是出于这种**距离感**他们首先掌握了创造价值及为价值命名的权利:"这和功利有何相干!"(《道德》,1.2)。正是在这里,尼采明确阐释了"善恶的彼岸"这一短语的另一效力。因为善恶此时被归为奴隶的范畴,奴隶们将主人视为恶的化身,并将与主人不同的东西定义为"善"。与之相反,最初的贵族首先定义自身,然后将任何缺乏他们品质的东西定义为"恶"。很明显,尼采认为后一种过程优于前一种,前者本质上是被动的,是否定的产物。这些原初贵族(proto-nobles)的问题在于,他们生活的态度过分简单,使人厌倦。天生健壮,对痛苦漠然处之,无意于谴责与他们不同的人,他们是价值创立者,却缺乏使价值评判产生意义的原料。

在《善恶的彼岸》中,尼采不断强调审慎评判的重要性——

生命即依赖于此。但无限制的肯定有时似乎是唯一积极的价值,高尚者早先所处的境况很接近于此,这时候,审慎评判应如何进行?顺理成章地,这将我们带回到《善恶的彼岸》的困境之中。例如,没有悔恨或怀旧的生活听起来似乎很美妙,但是,人怎能不悔恨虚掷的光阴、错失的机会、失败以及一去不复返的欢乐?在悔恨中,人又如何能避免进行对照与比较,而这正是评估的基础?一般而言,查拉图斯特拉的一些意味深长之语似可解决此问题:

> 朋友们,你们是在告诉我,别去争论什么趣味和品位?可生命的一切就是围绕着趣味和品位的争论!趣味,同时是砝码、秤盘和验秤者;一切有生命者,想要不围绕着砝码、秤盘和验秤者的争论而生存下去,那就注定要遭难!
>
> (《查拉》,2,"论崇高的人们")

因此很明显的是,高尚者,即那最初的"主人",他们并非尼采确定无疑要赞美的主题。同样地,憎恨主人的"奴隶",在对自己悲惨命运之根源的不断质询中,则更有可能带来有趣的答案。但他们的答案过于有趣,丢失了任何可能的英雄式的单纯。毫无疑问,因为它丢失了,并且不能恢复,我们这些后来的已堕落的人,就必须鼓起迟来的勇气去论证,无论这将引向何处。让我们粗略概括一下尼采的主要论点(想对《道德》进行总结概述是无望的):奴隶们发现,只要比主人更精妙(这并不困难),他们就可以有效地锤炼自己的强力意志,虽然从高尚的角度看来这样过于卑下,但最后,他们甚至可以将主人按照自己的价值转化。这就是从处于牢笼中的犹太教到基督教的不可避免的发展进程，也是有史以来道德方面所发生的最大的政变。在第二篇论文《"负罪"、"良心谴责"及其他》中，除了其他论题以外，尼采对此进程进行了追溯。通过谴责诸如骄傲、富足、自得等世俗价值，并将之替换为谦逊、谦卑以及其他价值，基督徒成功地将其统治者变得与他们一样渺小。但他们也由此培养了一种价值，埋下了足以毁灭基督教精神的种子。在《道德》结尾处，尼采引用了《快乐的科学》第五卷中最具说服力的一段：

> 基督教道德本身，是真实概念的不断严格化，是忏悔之微妙，它体现于基督教良心被不惜代价地转化、升华为科学良心以及智识之洁净的进程中。自然被看做上帝之仁慈和旨意的证明；借神圣理性之光荣，历史被解释成道德世界的秩序和道德意向的永恒见证……——这些似乎都已经成为**过去**，这些都有**与之相对**的良心……"
>
> （《快乐的科学》，357）

尼采继而在《道德》中写出了最精彩的段落：

> 所有伟大的事物都通过自我征服的方式导致自我的毁灭：因此，生命的规律会起作用，那是生命的本质中不可或缺的"自我征服"的规律，规律的制定者最终也听到了召唤：向你自己制定的规律屈服吧。就这样，基督教作为教义被自己的道德所摧毁；出于同样的原因，基督教作为道德现在也必然要毁灭；我们正处于这一事件的开端。
>
> （《道德》，3.27）

尼采最后在书中评论说，求真意志获得了自我意识后，受基督教挟持的道德将最终瓦解。

请注意“所有伟大的事物”及其后关于基督教的自我毁灭的叙述。《道德》是尼采最均衡的一部书，不是因为风格上的庄重节制——尼采对此已经兴趣全无，而是因为它将对立各方推到极致并对它们一视同仁。这样，尼采就可以统辖一场或者多场争辩。他乐于为各方提供最强大的装备，贡献最大限度的支持，让它们一决雌雄。这使他得以沉迷于最后几部书中精心设计的偏见。《道德》是创造性的回顾，也是通往尼采被突然中断的下一阶段的起点。

这一回顾的向度形成了第三篇论文《禁欲主义理想意味着什么？》的奇怪结构，该篇论文似乎游离于尼采之前的论点之外。在这篇论文中，尼采从加于自身的痛苦出发，考察了禁欲主义理想对于在他看来至关重要的几类人来说究竟意味着什么。无论如何，生活是可怖的，为什么还要奉行禁欲主义、自愿增加正常人都想避免的东西，使生活变得更糟？我们无法忍受偶然袭来的、毫无缘由的痛苦，但当我们主动将痛苦加于自身时，我们不仅可以理解痛苦，而且也由此理解整个生活。

艺术家是尼采首先审查的对象，但他很快转而思考瓦格纳（这在尼采给我们的惊讶中不算什么），并对瓦格纳晚年崇奉贞操进行了分析。在这一过程中，尼采说“我们最好把艺术家和他的作品分开来看，不必像对待作品那样认真地对待艺术家……事实上，如果他和作品一样，他就不会去表现、构思、表达作品：假如荷马是阿喀琉斯[①]，他就不会创造出阿喀琉斯，如果歌德是

① 希腊神话中海洋女神忒提斯与国王佩琉斯的儿子，全身刀枪不入，唯有脚踝例外，故有“阿喀琉斯之踵”的谚语。

浮士德，他也不会创造出浮士德”（《道德》，3.4）。结论是，艺术家是不需要道德意识的，他可以采取有利于作品的任何姿态。艺术家依靠经验进行创作，而创作和“真”并无干系。“那么，禁欲主义的理想究竟意味着什么呢？对艺术家而言，正如我们所看到的，它毫无意义！”（《道德》，3.5）尼采于学术生涯伊始认为“艺术是生命中真正的形而上活动”，在抛弃形而上学之后，他现在倾向于认为艺术和现实并不密切相关。在后来的一次评论中，他写道：“哲学家说‘善与美一致’，这是不光彩的；如果他还要加上‘与真也一致’，我们应该对他饱以老拳。真理是丑陋的。我们拥有艺术，以免我们**因真理而毁灭**。”（《强力意志》，822）尼采总是以艺术作为人类活动的典范。这又是一个未解决的难题：艺术家似乎生性多疑，艺术为了维持生命而逃避着真理，但艺术常常被表现为真理——瓦格纳当然就是这么干的。尼采严厉地谴责任何一位试图照实记录现实的艺术家。除此类艺术家之外，其他艺术家“不论在什么时代，都是某种道德、某种哲学或某种宗教的仆从”。（《道德》，3.5）因此，为理解禁欲主义理想起见，“让我们撇开艺术家”（出处同上）。

尼采继而开始论述哲学家。哲学家为自己的利益而奉行禁欲主义。但在这里，禁欲主义首先仅指执着于一个目标并为追求此目标摒弃各种快乐。而禁欲主义之所以有**强烈吸引力**，是因为担心自己受之有愧而恐惧生活中的各种享受。存在两种禁欲主义：有选择的禁欲主义和强加的禁欲主义，它们是截然不同的现象。那些听从教士的命令而奉行禁欲主义的人，并非为了达成任何以禁欲为先决条件的善，而是因为教士强加的负罪感驱使着他们不断接受理应承担的痛苦：通过施加更多痛苦向人们解释人生为何会有痛苦，这其中包含着可憎的残忍，即人要为自己的痛苦负责。

这种怪异的现象既令尼采着迷也使他恐惧，正如他对人们背对生活的整体、活在琐屑的悲惨状态中感到吃惊一样。“人是病态的动物”，但似乎所有的药方都已试过却并不奏效。因此，尼采才日益焦躁起来——这反映在他最后一年电报式的散文风格上，也才渴望彻底的革命。当尼采自己的痛苦变得越来越激烈，尤其是1887和1888年痛苦以惊人的速度加剧时，他对任何试图赋予事物意义的观点变得越发难以容忍；在此期间，他以同样的态度看待道德，认为道德不过是频繁地采用一些极为精巧的步骤，劝人们相信良好的举止与成功密切相关。在《道德》结尾处，尼采许给自己这样的希望：“毋庸置疑，道德将逐渐消亡。”但他不可能真的相信这一点，因为《道德》的大部分章节都在表明，即使不担任教职，教士这类人也有近乎无限多的方式来谋求道德不断发展。抛开基督教，人可能变得伟大，但我们更可能依附在基督教道德上，声称仅需微小的调整即可在功利的尘世建成天国。当人变得越来越渺小时，即使仍有实现伟大的可能，我们也已经失去了认识伟大的能力。奴隶的道德取得了胜利。我们心满意足地做奴隶，即使已没有主人存在。《道德》的最后一节十分精彩，不加简化也不作概括地总结道：

> 人，这最勇敢、最惯于忍受痛苦的动物，他并**不**拒绝痛苦本身：他**想要**痛苦，甚至寻求痛苦，只要有谁给他指示出一种意义，指示出痛苦的**目的**。是痛苦的无意义，而**不是**痛苦本身构成了长期压制人类的灾难，而**禁欲主义理想给人类提供了一种意义**！直到现在，这还是人类唯一的意义，任何一种意义都强似毫无意义……人因此而**得**

救，他拥有了意义，他再也不是风中飘零的叶子……他现在可以**意欲**些什么了；追求的初始目的、原因和手段都无关紧要：**意欲本身得到了拯救**。

我们不能再缄口不谈那全部意欲所要表达的东西，它从禁欲主义的理想中找到了自己的方向：仇恨人类，甚而仇恨动物界，进而仇恨物质；憎恶各种感官，憎恶理性本身；畏惧幸福与美；渴望摆脱一切表象、变化、成长、死亡、愿望，甚至摆脱渴望本身——这一切意味着（让我们鼓起勇气理解它）**一种对虚无的欲求**，一种对生命的反感，对生命最基本的先决条件的反抗；但它是并且仍将是一种**意欲**！……最后让我用开头的话来结尾：人宁可欲求**虚无**也不能无所欲求。

尼采以这些话语结束了他最后一本原创著作。此书不包含丝毫希望的信息，语气之欢欣鼓舞却让人称奇。不管怎样虚幻，在这个阶段给出的诊断却足以使人惊异，因为它已走在治疗的途中。

第九章

用锤子进行哲学思考

1888年，也就是尼采神志正常的最后一年，是他非常多产的一段时期，但写出的内容却越发怪异。尼采开始写作本可能成为他压轴之作的一部书——《重估一切价值》，随后又放弃了。有人可能怀疑，原因大概并不在于缺乏毅力，而在于尼采最终发现自己陷入迷惑之中。他惯常使用的“返璞归真”、“新意识的诞生”等短语，在不能用艺术的形式体现时，对他显得尤为空洞。因此，尼采试图进行深入论辩，在写作风格上变得异常清晰，这在以前是从未实现的。一些评论者认为，他将过去的言论简化为口号降低了原来思想的分量；其实不然。

然而，在尼采和自己毕生中研究过的伟人逐一清算的时候，这些论辩文章一次又一次地发出挽歌式的鸣响。尼采写了两本关于瓦格纳的小册子，他从未摆脱瓦格纳在个人性格和艺术两方面对他的巨大影响。第一本书《瓦格纳事件》犀利而又风趣。正如睿智的评论者托马斯·曼所指出的，其总体效果是一种奇妙的倒置式赞美，许多赞美甚至没有进行倒置。当尼采最终回顾自己的整个艺术体验过程时，对他而言最重要的作品似乎仍是《特里斯坦与伊索尔德》，一如《悲剧》中的情形。毫无疑问，尼采谈起这部作品对自己的影响来，仍然是最雄辩有力的。

攻击瓦格纳是个颓废者，说他以神话方式刻画本属福楼拜笔下的人物，这些反过来也可以针对尼采本人："大体而论，瓦格纳看来只对如今吸引着可怜的巴黎颓废派的问题感兴趣。总是离医院近在咫尺。这些都是十足的现代问题，十足的**都市**问题。对此无须怀疑。"（《瓦格纳事件》，9）尼采呢？他当然正掌管着这医院里发生的一切过程。

第二本反对瓦格纳的辩论文章《尼采反对瓦格纳》是尼采早年作品的辑录，从《人性的，太人性的》到《善恶的彼岸》，只是略加修订。瓦尔特·考夫曼认为此书"很可能是尼采最美妙的书"。这一评价有些奇怪，并不是说此书不包含美的段落，而是说它不过是一个选集而非结构严谨的著作，并且只有二十页的篇幅。和其他作品一样，这本书也是尼采制造自我神话的一部分。在书中尼采把自己说成是"被罚做德国人"，而瓦格纳和其他人截然不同，直到后来他也"茫然无助，绝望崩溃，突然跪倒在基督的十字架前"（《尼采反对瓦格纳》，"我是如何摆脱瓦格纳的"，1）。尼采把瓦格纳刻画成自己的对立面，以此说明，如果没有足够的力量意识到完全的浪漫主义所带来的危险，自己也会成为瓦格纳那样的人。尼采对音乐、对瓦格纳的音乐剧、对瓦格纳的天赋本质之深刻洞见，令人叹为观止，而把这些段落聚合起来更增加了此种效果。但更重要的是，这本书印证了一点，即尼采对禁忌事物怀有持久不变的爱好。

这个论断对《反基督者》更加准确。在尖锐而有力的论辩中，此书将基督描述为"伟大的象征主义者，[因为]他只接受**内在的**现实为现实，为'真理'——其他的一切，一切自然的、时间的、空间的、历史的东西在他看来只是符号，只是譬喻的时机"（《反基督者》，34）。这一段铺陈下去直达欢乐抒情的顶峰，直让人替他担心如何收场。尼采巧妙地通过攻击克尔凯郭尔可能引以为豪的基督教王国，以及攻击自己极力反对的圣保罗，完成了这一步。但尼采就教士利用基督教义所表达的愤怒，因富有激情及对腐化的满腔厌恶而灼然生辉。他的话发人深省："只有基督徒的**践行**，像死在十字架上的那个人所**经历的**生活，才是真正信奉基督的。如今，这样的生活还是可能的，对于某些人甚至是必需的：真正的、原初的基督教在任何时候都是有可能的。"（《反基督者》，39）但这样的生活并不适于坚强的心灵，因为它倚赖的是信仰。"信仰带来福佑：因此，信仰靠不住。"（《反基督者》，50）这话出自于在宗教方面拘谨得近于顽固的尼采，他认为，"当快乐的情感进入对'什么是真的'这一问题的讨论时，对'真理'最强有力的怀疑就会产生。"（《反基督者》，50）人们可能赞同这一点，尽管尼采似乎暂时搁置了他对求真意志的质询。在同一本书的前面章节，尼采对康德的伦理学进行了猛烈的抨击，写道："在生命本能的驱使下所采取的行动，伴随而来的快感可以证明它的**正当性**；然而，这个满腹基督教条的虚无主义者[康德]却把快感当成**反对**这一行动的理由。相较于没有内在需要、没有个人选择和没有丝毫**快乐**地工作、思考、感觉——只是作为自动自觉的'义务'——还有什么能更快地毁灭我们呢？"（《反基督者》，11）尽管这里没有明显的矛盾，却体现出一种独特张力，一面是勇于面对一切的大无畏者尼采，一面是高谈阔论的快乐主义者尼采。

1888 年尼采最富有活力、最机智、最令人欣悦的作品是《偶像的黄昏》，标题戏仿瓦格纳充满宿命论色彩的《诸神的黄昏》。这部著作显示了尼采挥洒自如的写作能力，虽然它成书于尼采精神濒临崩溃之时。书中包括尼采篇幅最长、最热烈的对歌德的赞美诗。自尼采放弃超人后，歌德逐渐成为“高等人”的原型，令人欣慰的是，这个概念存在诸多例证；而查拉斯图特拉则一直坚持认为，“超人从未有过”。尽管尼采对任何一种高等人都有所保留，但通过歌德，我们至少可以理解尼采赞颂的究竟是何等人物。歌德“想要的是**整体**；他抵制理性、感性、情感和意志的彼此割裂（与歌德的意见正相反，康德用一种最令人望而生畏的经院哲学鼓吹这种隔绝）；他训练自己成为整体，他**创造**自身”（《偶像的黄昏》，“一个不合时宜者的漫游”，49）。尼采对他不吝自己最高的赞美：“这样一个精灵，带着快乐和信赖的宿命论**自由屹立**于宇宙之中，心怀一种**信仰**：唯独个体令人生厌，在整体中一切都得到拯救——**他不再否定**。然而，这样一种信仰在一切可能的信仰中层次最高：我用酒神的名字来做它的教名。”（出处同上）这段话里包含着明显的转变——我们从未听尼采说过“唯独个体令人生厌”，也不知道此中有何含义。但我们多次听到尼采谈论酒神狄俄尼索斯，虽然效果殊异。酒神几乎从未离开过尼采的万神殿，却在这最后一年中登台最多。和往常一样，酒神是无限肯定之神。但肯定的语境已经迥然不同，因此所需的肯定的类型也和《悲剧》几无相同之处。

此时的尼采是在地狱里勇敢地讨论天堂的欢乐——这一年他比以前更多地进行否定。有人甚至会说**他的**肯定只是否定之否定，这就是他的悲剧所在。他的信仰——我们居然发现尼采会从积极的角度谈论信仰——就在于，做一个无须以否定为起始的人是可能的。但他注定成不了这样的人，他的辩证之术使用得越多，纵然机巧熟练、精彩迭出，他离那个理想就越远。我们可以确定尼采所能成为的狄俄尼索斯，只会是那个被撕裂为不可胜数的碎片、极为痛苦的狄俄尼索斯。

后记

尼采与生命保险

一

我想，任何一个人如果花大量时间与尼采相伴，不仅把他的著作当做待阐释的“文本”，还当做生活中邀请读者加入的实验，他就一定会在某个时刻感到嫌恶，又会在另一些时刻，为尼采的洞察力以及他在一些陈腐主题上的洞见和创新所折服，心中充盈着兴奋与感激。我希望本书之前的章节能够清楚地表明我对尼采的热切回应，现在我想谈谈先前在我更倾向于持怀疑态度时尼采给我造成的一些印象。我接下来要做的主要是进一步阐释此前略有提及的若干论题。此时此刻，这些论题比以往我所想象的更为重要，无疑也会比以后我能体会到的更为重要。正如我们所看到的，尼采或者他的代言人查拉图斯特拉热切地希望拥有思想上与之最针锋相对的门徒，因此我将针对尼采的观点和论述过程提出若干基本问题，这些问题虽然简单，却不能因此而被忽略。这些方法论以及内容方面的问题都产生于一种意识，即不管尼采如何声称，他实际上决意成为一个在论辩中不被战胜也不可战胜的作者。也正因为如此，诚实的学者早晚会感到——与阅读维根特斯坦时相同——自己永远只会是一个受愚弄的人。

尼采最常用的使自己立于不败之地的策略就是声称，他对任何事物并不固持己见，尽管刺目的事实恰恰与之相反。在我看来，他非常向往这种不可战胜的状态，我也确信他对这一点一定会矢口否认。尼采是探索者也是试验者，借用《快乐的科学》第 338 节中的原话，他决心为"探寻自己道路"的人树立一个榜样。这件事情是如此困难，以至于信仰基督教①的人为回避自己生命中的艰难困苦，要时常干涉他人。尼采只关心有望成为卓拔超群之士的人，他实际上奉行了一种极端的个人主义。这意味着，一个人要想成为卓拔超群之士，至少应与众不同。因此，不管是否愿意，他心中应当始终关注他人，这是个人主义者在其所处文化的晚期无论如何要付出的代价。这当然是尼采所要付出的代价，他对同时代人所作的无休止的攻击已证明了这一点。尼采乐于给人一种对他人傲慢冷淡的印象，然而他是因为太过着迷于他人所表现出的各种颓废之态，无法对之不加检视，并非因为过于审慎而指出"我们其他人"并非如此。

我想说的是，尼采似乎认为，他的不确定性和非独断论的方法论，以及他极为重要的论断，即"我还不够顽固，无法建立体系，甚至就我自己的体系来说也不够顽固"，使他在观点和原则上能够达到一种自由自主的状态。然而在我看来，人们没有理由不认为尼采自己应该给出他的道德观点的基础，并认定，尼采最好是以某个他人作为自己行为的榜样。除非有人**先验地**认为，要做自己就要与他人截然不同，否则，成为个人主义者与以其他人作为自己的榜样之间并无冲突，哪怕是潜在的冲突。

① 原文 the religion of pity，尼采以此指代基督教。

尼采对道德进行审美化的程度始终是值得商榷的，但其中所包含的一个确乎有害的方面则是认为，正如人们现在对艺术作品原创性的要求不仅仅是与其他作品不同，对人的道德要求亦应如此。正如我在第五章所指出的，无论如何，在我们的文化中，艺术作品之间的关系与人与人之间的关系存在着显著差异。而尼采似乎认为，一群极为相似的人与一堆毫无差别的艺术作品一样乏味和多余。如果以上帝的眼光来看世界——这正是某些时候尼采假装采用的角度，结果可能就是对"芸芸众生"感到厌倦；如果人们确实太过相像，任何人都会感到厌烦——到一定程度，情况很可能是观点一致的人也会让人感到无聊沉闷。然而，也大可不必由此走向另一极端，要求所有人都尽可能具有最鲜明的姿态。从定义上说，卓拔超群是一种稀有的品质，但这并不意味着大多数不拥有或不渴望它的人，应该受到鄙视或被清除。

尼采之所以如此强调要成为一个无固定信仰的人，原因之一在于，在敦促人们成为自己的时候，他并不是在信奉任何需要探索或捍卫的理想。但是，他褒扬时所用的那些词语，那些他竭力保存其纯粹形式的词语，正足以让我们选出某些个体，他们拥有这些词语所描述的品质。例如，"自我超越"是一个"厚重"的词：我们可以说歌德超越了自己，因为我们知道，若没有那些兴趣，歌德可能仅仅是他的各部分之和，并会逐渐失去他在各部分中所具有的感染力；实际的歌德是一个令人惊异的生动的整体，这就是为什么尼采晚期的著作表现出对歌德的敬佩，并以歌德为榜样，一个因无与伦比而应被模仿的榜样。

因此，尼采宣称拒绝给读者提供任何具体建议，除了成为自己之外——任何人都不会因为这条建议太过具体而加以批评，这种姿态不应掩饰如下事实，即尼采实际上远比他所宣称的更加明确清晰。他经常改换似乎已然坚信的立场，但我们不能就此倾向于认为他所持的那些观点是暂时性的。我怀疑尼采本质上不能“安于不确定性”，从任何角度来看，他都不具备济慈所描绘的那种诗性气质。他的灵活性来自于随时乐于改变自己的观点。当尼采说他不够顽固、无法建立体系的时候，他实际上应该说他不够顽固，无法守着某一个体系。当然，不是说在任何一点上尼采会去详尽阐释某一个体系，他太缺乏耐心，不足以完成此事。或者，这也可能取决于一个人对体系的定义。如果你所指的是希望所持有的所有观点相互统一，那么，不陷入思想混乱就是基本的要求。如果你所指的不仅如此，那就还应说出具体所指。但尼采除表示了对超验形而上学的厌恶外，并未进行具体说明。

尼采大多数著作中所表现出的极端非线性特征具有多种感染力，它不仅使读者能够在有兴致的时候按照尼采的建议去公正地阅读《曙光》以及他的大多数作品，而且也免去了他们理解长篇累牍的抽象论述时的痛苦。当然，正如任何审慎而着迷的读者所意识到的，这样做也有风险。一个不寻常的现象是，某一独立段落强有力地冲击了读者，这种冲击仅仅持续了一小段时间，下一引人注目的段落又会以截然不同的话题给读者带来相同力量的冲击。事实上，这种非系统性不过意味着行文缺少组织，这对尼采这种思想丰富的作者来讲不足为奇，它发于作者的经验，又合乎读者依自身经验而来的反应。尼采迫切需要阐发随时迸发出的精彩想法，讨论的话题比以往任何一位哲学家都要广泛，尤其是，如果考虑到他通常连续挥洒多篇所保持的水准，情况就更是如此。雄辩的激流结合着充满洞见的思想，这意味着，你看完尼采的书，尤其是他中期的书之后，立刻觉得有必要再看一遍，同时为自己理解力和记忆力匮乏感到羞愧。这个过程永无休止，我们也因此心怀感激。即便如此，因为它于尼采而言乃是自然而然形成的风格，我们不应将这种行文风格视为是在原则上拒绝系统化。比较一下《不合时宜的沉思》和《人性的，太人性的》这两本书的任意部分就可以看出，每当尼采放弃以连续的散文体裁写作的时候，就会使行文更加晓畅、明显增色。对文章如此，写一部著作就更不用说了。不管他是否以此作为一种论辩的策略，效果都是一样的。就我所知，要说怎样恰当地理解尼采，还没有人给出过令人信服的回答。阅读任何关于尼采的书籍或者文章，可以注意到主题是如何地局限于讨论尼采的只言片语，全然不顾其中所包含的广泛而深刻的趣味。非常典型的情形是——当然也包括我自己的书在内——作者选择一些可以讨论的段落加以阐释，一般是近年来颇受关注的段落，正如尼采的这一部或那一部著作在不同时间总会遇到的情形那样；与此同时，尼采作品的绝大部分内容却无人触及。在这种分析方法之下，尼采表面上是胜者，其实却是输家。他希望我们将他的格言警句融入生活，同时又声称希望我们在接近他时永远持怀疑态度。将他的某一句深刻格言奉为圭臬并身体力行，这会消耗一个人生命的许多时光——谁能在这样做的同时又保持怀疑态度所要求的距离？这显然不可能。事实上，任何像尼采这样的作者确实要求从读者那里得到极大信任，虽然他装作在这方面一无所求。

我发现，我就尼采的写作方式所作的批评逐渐变成了同情，比我原本设想的更甚，这也是惯于令人难堪的尼采加于读者的另一独特影响。

二

现在来重新考虑一下至少是我认为的尼采最重要的几个观点,更要强调一下这些观点如何使尼采免受生命中的意外和突发事件的侵扰,这种侵扰是他最不想遭受的。尼采的理想乃是希望与世界及他在世上的经历建立某种关系, 通过这种关系,任何事物都不能使他不安、惊恐、厌恶或者受伤。如果读者接受了上述说法,那么尼采最令人费解的观点——这些观点究竟意味着什么,为什么他持有这些观点——也就不那么难以理解了。这种关系难以达成,真正达成的人将由此变得卓拔超群。这个问题的尖锐性可以通过再一次思考尼采对同情的态度彰显出来。对尼采而言,同情往往不过是一种境况之症候,其实际情形比看上去更严重、更可悲:它相当于因为深受痛苦(不管是谁的痛苦)的侵袭而尝试去缓和它,同时却意识不到痛苦无所不在,尝试**减轻**痛苦乃是愚蠢之举。人应该采取一种不同的生活态度,它将使同情变得毫无意义。尼采从未像这样直截了当地阐明立场,或许是因为他为痛苦的临近而深感不安,因此犯下了一门心思只考虑同情的过错。如果同情别人并为此付出行动完全是浪费时间和精力,那么,在一段时间以后——尼采显然忽略了这样一段时间——对这样一群无可救药的读者阐明上述事实,也同样是浪费时间和努力。应该做的事情是,将这一问题移至另一层面,在此层面同情这一行为不会成为关注的对象,并且表明曾有人这样做到过,从而树立一个尼采也不会表示异议的范例。

以何种视角看,一个人会希望如此行事?可以说,这就是尼采在高度成熟时期,也是在他的最终阶段到来之前的那些著作中最关注的问题。事实上，在《快乐的科学》中，正是在他对同情及其效果所作的著名分析之前的那一节，尼采表明了自己的雄心，虽然尚处于酝酿之中；而且，尼采不经意地流露出对自己所描绘的理想，他是多么绝望无助。我仅仅引用其中一小段——尼采展示其论辩才气的文字即使只是片段，也给人以深刻印象：

> 任何人若把人类的历史当成**自己的历史**加以感受，就会普遍体悟到各色人物的忧伤：顾虑自身健康的病人，回忆青春之梦的老者，失去恋人的情郎，理想正在消逝的殉道者……然而，如果一个人承受了，如果一个人**能够**承受这形形色色、不可胜数的忧伤……如果一个人能够让自己的灵魂担负这一切——人性中所有的最老、最新之物，失败，希望，征服，胜利；如果一个人能够将所有这一切集于内心，压缩为一种单一的情感，那么，就会产生人类前所未有的幸福：一种充满力与爱、泪与笑的神圣幸福。这幸福宛如夜间的太阳，一直馈赠着它那永不枯竭的财富，并将其倾入海洋，仅当此时，最贫穷的渔夫也能划动着金色的桨，感到自己最为富有，就像太阳一样！这神圣的情感将被称为——人道。
>
> （《快乐的科学》，337）

面对如此动人的雄辩，对之进行条分缕析会显得尤其狭隘。此段是尼采的神来之笔，无疑给出了关于“人道”的全新阐释，紧随其后，尼采开始批判旧的阐释，旧阐释首先将人道与避免或减轻痛苦相关联。如果一个人用一种新的生活替代充满同情的生活，并且全心体验它，那么，他就会达成这种“新的人道”。然而，去假设生活中可能存在这样一种高尚的状态是否有意义？比起体验被选定的“人性中的失败、希望、征服和胜利”来，体验**一切**即使不是更容易，也是更可容忍的，正如尼采的整个著述生涯所表现出的那样。尽管尼采厌恶并且蔑视“无条件性”，但他对一个相近的概念十分着迷，那就是包罗万象。如果一个人可以容忍大部分事物，这也就意味着他仍无法容忍某些事物——这是可以理解的。要成为“神一般的人”，或成为悲剧哲学家、悲剧性的人物，人必须忍受一切。尽管很难描述出这是怎样的一种状态，但尼采认为他知道这将“产生人从未领略过的幸福”。人，甚至是超人，永不能也不会理解这种状态，因为这甚至也不是康德所称的“调节性理想”——这一点不是很明显吗？情况更有可能是，尼采沉醉于自己所具备的一种无与伦比的能力，即用最为抒情和沉郁的笔触描绘使生活可以忍受的唯一一类状态，这类状态原来都只不过是对哲学家的迫切需求弃之不顾的诗人所造就的。

此段文字还有一点值得冷静地加以注意。同情——尼采激烈抨击的情感的放纵——与新的人道之间的一个差别是，在后一种状态中，人仅仅是持有一种态度，没有迹象表明人会做任何具体的事情。如果同情某个不幸的人，我们就“饰演了命运的角色”，而忽略了“内心的整个次序与繁杂，这些才是**你我**不幸之所在”。另一方面，如果在对待任何事物时都追寻一种宏大、甚至是宇宙般广袤无边的情感，那么，这将无法付诸行动。事实上，确有一种可以想见的行动对应于尼采的理想状态；尼采的散文蕴含着令人惊异的力量，但就我现在看来，尼采当时对行动并不热衷，热衷的只是写作，这无疑部分解释了他的散文为何充满力量。再一次地，我们要问，我们其余的人能够集聚起何种力量？又该以这种力量去做什么？

逐一检视尼采持肯定态度的核心文本，并表明它们展现了类似的非特定性以及同时处理所有问题的迫切心情——这样做不但乏味而且让人沮丧。这意味着，在每种情况下，人并不知道**当下**该做些什么，也不知道为何该做这一件事而不是其他事。再一次，我们不能不猛然意识到一个悖论——尼采在持极度吹毛求疵的态度的同时又无意否定任何东西，因此，查拉图斯特拉的论断，即“生命的一切都是围绕着趣味与品位的争论”，势必与对这一论断表示肯定的坚持态度相冲突。当一个人培养自己拥有快乐的肯定态度时，他是要对自己说谎，还是将过去“美化”成与实际不同的东西？当所有的“实际情形”变为“我希望的情形”，这是一种自我欺骗还是一种更为崇高的东西？除了少数值得称道的例外，评论者们倾向于对这些问题避而不谈，似乎它们本身就是对良好品位的冒犯。

《快乐的科学》中有关赋予生命以风格的段落也提出了相似的问题。实际上，当尼采说“需要长期践行，每天付出辛劳”时，其中就包含着劝人行动起来的建议，尽管又一次地，它在修正着似乎更为重要的观点：“这儿无法去除的丑陋被隐藏，那儿这丑陋得到重新解释，成为崇高。”但当我们意识到这是在讨论个人品格时，这种“重新解释”难道不是自我欺骗么？假如我为了羞辱某人而对他说了些什么，之后记起来的时候觉得既不愉快又引以为耻，我能告诉自己我当时是出于另外的动机么？我能够一直让自己确信，我是个优雅的人么？这样做是否有助于我提升自己的品格？尼采在九节之后以独有的句式说，“我们想要成为自己生命的诗人”，此时我们却记得在他的下一本书里，尼采通过查拉图斯特拉之口所说的话：“诗人满口谎言，但是，唉,查拉图斯特拉也是个诗人。”

因此,在我看来,尼采在一路向前。他始终是某种一元论者:在《悲剧》中,他相信在日神的表象之下存在着太一。在不再认可任何一种形而上学的体系之后,尼采对存在的恐惧仍然惊恐,但在为此开出的所有药方中,他都坚持应当从某个**单**一方面观察存在。为何这样就可以使事物变得更好、更容易,或者变成尼采想要它们成为的任何模样?《快乐的科学》中另一个奇妙的小节是第276节,又一次地,它的论述美得让人忘却思考。此篇的主题是:不希望任何事物有所不同;转过身去乃是尼采唯一的否定。而这不过是在预示他之后最喜爱的两个概念,即爱命运和永恒轮回,前者给出了接受生命所赐的一切时所应遵循的原则,后者则解释了人为何应当如此行事。

通常情况下,我不愿意引用《强力意志》,但不可否认,书中包含着许多富于启发性的段落。尼采在此书中说,“伦理:或‘值得欲求的哲学’——‘事物理应不同’,‘事物**将会**不同’:不满足乃是伦理学的起点”。

> 人可以从欲望中拯救自己,首先可通过选择不会带来这种感觉的状态;其次可以通过理解它的傲慢和愚蠢:欲求某种事物与它的实际状况不同,就意味着欲求所有的事物都不同——这包含了对整体的谴责性批评。但是生命自身就是这样的一种欲求。
>
> (《强力意志》,333)

这段真正体现了尼采的才华横溢之处,同时也体现了尼采典型的悖论性。如斯塔顿所言,如果生命即是欲求事物各不相同,那么尼采的生命也该如此——从所有的证据来判断也确实如此。爱命运是他的座右铭,**他的**命运就是激昂地怒斥命运本身,或者说怒斥事物的本然存在。尼采允许自己有这样的命运么?从之前引用过的第11节"梦游者之歌"来判断,他不允许。肯定一种单一的快乐就意味着肯定一切,但是我们又一次看到作为完美的抒情诗人的尼采占据了优势——这个抒情诗人对相信下述论断的人俯首称臣:如果你将全部的存在看做统一的整体,那么你会肯定所有存在,或者至少,如果你肯定存在的一部分,你也会肯定其整体。然而,一切事物都"缠绕在一起,陷入彼此,相互迷恋"这一事实,并不意味着人们喜欢它们如此。如果生命**就是**欲求事物各不相同——这确实是生命的主要构成,也是人们做大部分事情的动机之所在——那么不可避免地,人们就会想要实现其中的某些差别。正如尼采在《善恶的彼岸》第9节中与此相类似却有本质差别的另一段所言,"活着——难道不就是想要与这个本性截然不同?难道活着不就是估量、偏爱、不讲公正、受到限制、想要有所不同吗?而且,假定你们的律令'按照本性来生活'从根本上意味着'按照生命来生活',那么,你们如何能够**不**这样?为何你们还要制定一个原则,来规定自己是什么和必须成为什么?"然而,如果你必须成为你自己,那么,制定**任何原则**都是毫无意义的,爱命运也不例外。这种或可称为尼采式斯多葛主义的肯定,为何没有沦为他在其他地方蔑称的"听任主义"?尼采对此并未置评。

我断定尼采在努力使自己变得无懈可击,这一点已经在前面的论述中有所暗示。令人惊奇的是,一个还发出过"危险地活下去!"这种口号的人,似乎并不想被出其不意地领会,也不想声称一切都是必要的、因此并无任何偶然,以此来坦然面对任何偶然。无论发生**任何事情**，他都欲求如此。尼采最突出的悖论在于宣称，任何**确实**发生过的事情，都是他所欲求的。在一个笼统概述的层次上进行写作，尼采不需要面对这样的情形：宣称事先欲求的事物理应如此，这种做法与其说是超人之举不如形容为非人之举。尼采认为，通过宣布影响深远的普世必然性教义，再宣称它们所规定的内容具有无限重复性，他已经表明了天下，甚至包括天上，永远不会有也不可能有新事物。但是，在微观的层面上，尼采仍然比任何人都敏锐，甚至过于敏锐以至于使他转向另一个极端——那些他如此热衷于追求的“高度”。他已准备好以极其谨慎和透彻的方式来阐释：事物，尤其是人，有多么可怕。只要停留在事物和人的层次，那种使人疲痹的恐惧就会持续增长。因此当尼采肯定时，不可能是通过选择被赞许的事物，因为这些事物都处于他所厌恶的对象之列。他只能对他憎恶的现象照单全收，从它们那里获得一种“距离的感伤”，并对它们报以蔑视。然后，拜模糊不清的视野所赐，他终于能够对所有的事物说是。在此过程中，他因假装对所有价值一视同仁而背叛了自身珍视的所有价值。这种崇高与冷漠麻木并无分别。

索 引

（条目后的数字为原文页码）

N

O

P

Y

Z

Michael Tanner

NIETZSCHE

A Very Short Introduction

To my father and in memory of my mother

Contents

Abbreviations

After the first mention or so of a particular book of Nietzsche's, I have referred to it by initials, as listed below. All quotations are followed by the initial for the book they come from, and then section or chapter numbers. This can be rather inconvenient in the case of books with lengthy sections, but it is meant to enable readers to consult whichever edition they have to hand.

A	*The Antichrist*
BGE	*Beyond Good and Evil*
BT	*The Birth of Tragedy*
CW	*The Case of Wagner*
D	*Daybreak*
EH	*Ecce Homo*
GM	*The Genealogy of Morals*
GS	*The Gay Science*
HAH	*Human, All Too Human*
NCW	*Nietzsche Contra Wagner*
TI	*Twilight of the Idols*
TSZ	*Thus Spoke Zarathustra*
UM	*Untimely Meditations*
WP	*The Will to Power*

Chapter 1
The Image of Nietzsche

Friedrich Nietzsche (1844–1900) was a German philosopher, almost wholly neglected during his sane life, which came to an abrupt end early in 1889. 'Nietzsche' is the figure in whose name people of the most astonishingly discrepant and various views have sought to find justification for them. An excellent study (Aschheim, 1992) devoted to his impact within Germany between 1890 and 1990 lists, among those who have found inspiration in his work, 'anarchists, feminists, Nazis, religious cultists, Socialists, Marxists, vegetarians, avant-garde artists, devotees of physical culture, and archconservatives,' and it certainly does not need to stop there. The front cover sports a bookplate from 1900 of Nietzsche wearing a crown of thorns, the back cover one of him naked, with remarkable musculature, posing on an Alp. Almost no German cultural or artistic figure of the last ninety years has not acknowledged his influence, from Thomas Mann to Jung to Heidegger.

The story in 'Anglosaxony', to use the term in the title of one book about him, which traces his influence in the Western English-speaking world (Bridgwater, 1972), is similar. Wave after wave of Nietzscheanism has broken over it, though there have been periods when he was in abeyance, being seen as the inspirer of German militarism, and so to be vilified by the Allies. He was extensively, and most inaccurately, translated into English, or a language strangely connected with it, in the early years of the century. For all its archaizing grotesqueness, or partly because of that, it was the only translation of many of Nietzsche's works for almost fifty years.

Then, when his reputation was at its lowest in England and the United States, Walter Kaufmann, an emigré professor of philosophy at Princeton, began retranslating many of the key works, and launched the enterprise with a book that had, for many years after its first appearance in 1950, a determining influence on the way Nietzsche was viewed (Kaufmann, 1974). Kaufmann presented a philosopher who was a much more traditional thinker than the one who had inspired anarchists, vegetarians, etc. To widespread surprise, and only slightly less widespread agreement, Nietzsche turned out to be a reasonable man, even a rationalist. Kaufmann sought to establish comprehensively his remoteness from the Nazis, from all irrationalist movements that had claimed him as their forebear, and from Romanticism in the arts. It became difficult, on this version, to see what all the fuss had been about. Thus began the academicization of Nietzsche, one philosopher among others, to be compared and contrasted with Spinoza, Kant, Hegel, and other leading names in the Western philosophical tradition. Reassured by the breadth of Kaufmann's learning, American philosophers, and then increasingly English ones, took him as a starting-point for their studies of Nietzsche on objectivity, the nature of truth, his relationship to Greek thought, the nature of the self, and other harmless topics, at any rate as treated in their books and articles.

Meanwhile in Europe Nietzsche, who had never been in disgrace there, became after World War II a continued object of study and appropriation for existentialists, phenomenologists, and then increasingly, during the 1960s and 1970s, a cynosure for critical theorists, post-structuralists, and deconstructionists. When the latter two movements first gained a foothold in the United States, then took the country over, it was Nietzsche who once more was acknowledged as the major source of their inspiration. Some analytical philosophers, too, found that he was not so remote from their interests as they had assumed, and, in that reciprocal motion that is so characteristic of academic life, congratulated him on having had, in embryonic fashion, some of their insights, while at the same time reassuring themselves about those insights by invoking his authority. There is now a flourishing Nietzsche industry, and almost certainly more books appear on him each year than on any other thinker, thanks to the appeal he has for so many disparate schools of thought and anti-thought.

It is idle to pretend that he would have been entirely displeased by this phenomenon. During his lifetime (and unless I specify otherwise, I shall always mean by that the one that finished when he went mad in 1889, eleven years before his death) he was almost completely neglected, and though that did not make him bitter, as hardly anything did, it caused him distress because he believed that he had vital truths to impart to his contemporaries which they were ignoring at a terrible cost – one of his most accurate prophecies. But he would have looked with scorn on almost everything that has been written or done under his aegis, and the successful take-over by the academic world, though it cannot compare in horror with some of the other appropriations he has suffered, would have seemed to him most like a final defeat, because he wanted at all costs not to be assimilated to the world of learning, where everything becomes a matter for discussion and nothing for action.

Before we move into an account of his views, it is worth stopping briefly and pondering what it might be about his work that has proved so attractive to such diverse movements and schools of thought. Only later will a clearer answer emerge. But it seems, as a preliminary explanation, that it is precisely the idiosyncrasies of his manner that are first found refreshing. His books, after the early *The Birth of Tragedy* (1872) and the *Untimely Meditations* (1873–6), are usually composed of short essays, often less than a page long and verging on the aphoristic, though, as we shall see, crucially different from aphorisms as normally composed and appreciated: that is, one- or two-line encapsulations of the nature of human experience, demanding acceptance through their lapidary certainty. The number of subjects discussed is vast, including many that it is surprising to find mentioned by a philosopher – such matters as climate, diet, exercise, and Venice. And often his reflections are in no particular order. That means that he is much easier than most philosophers to dip into, and his frequently expressed loathing of systems means that one can do that with a good conscience. Many of his quasi-aphorisms are radical in content, and though one may gain only a vague impression of what he favours, one will certainly find out a great deal about his dislikes, most often expressed in terms that are both witty and extreme. What he seems to dislike is every aspect of contemporary civilization, most particularly that of the Germans, and for the reader that is bracing. His underlying view that if we don't make a drastically new start we are doomed, since we are living in the wreckage of two thousand and more years of fundamentally mistaken ideas about almost everything that matters – in, as it were, the decadence of what was anyway deadly – offers *carte blanche* to people who fancy the idea of a clean break with their whole cultural inheritance. Nietzsche was under no illusions about the impossibility of such a schism.

Even so, the variety of interpretations of his work, which far from diminishing as the decades pass, seems to be multiplying, though in less apocalyptic forms than previously, needs more explanation. It suggests to the outsider that he must have been exceptionally vague, and probably contradictory. There is something in both those charges. But they seem more impressive and damning than they are if one does not realize and continually keep in mind that, in the sixteen years during which he wrote his mature works, from *BT* onwards, he was developing his views at a rate that has no parallel, and that he rarely went to the bother of signposting his changes of mind.

What he more often did was to try to see his earlier works in a new light, surveying his career in a way that suggests he thought one could not understand his later writings without a knowledge of his previous ones, to see how he had advanced; and thus taking himself to be exemplary of how modern man, immured in the decaying culture of the nineteenth century, might move from acquiescence in it to rebellion and suggestions for radical transformation. In 1886 in particular, when he was on the verge, though he could not have known it, of his last creative phase, he spent a great deal of energy on his previous books, providing new, sometimes harshly critical, introductions to them, and in the case of *The Gay Science* writing a long, new, final book. No doubt this was part of his programme for showing that nothing in one's past should be regretted, that there need be no waste. But many commentators have been led astray by assuming that it gave them licence to treat all his writings as though they had been produced simultaneously.

Another factor that has made for misreadings and shocking distortions is a consequence of the fact that, from 1872 at least but probably before that, Nietzsche must have spent most of his time writing. The tally of published books is impressive enough. But he noted down at least as much as he organized into books, and unfortunately much of this unpublished writing (the *Nachlass)* has survived. It would not be unfortunate if there were a universally accepted methodological principle that what he did not publish should under all circumstances be clearly demarcated from what he did, but almost no one observes that elementary rule. Even those who claim that they will do this usually slip into unattributed quoting from the immense *Nachlass* when it confirms the line that they are taking on him. What makes this a particularly dangerous way of proceeding is that on some central concepts, among which the Will to Power and the Eternal Recurrence are perhaps the most important, his thought remained so undeveloped. Nietzsche was often so sure he had struck philosophical gold that he jotted down very many thoughts, but left them unworked out. This provides a commentator with the possibility of pursuing trains of thought that he is attributing to Nietzsche, unimpeded by definite statements. Some have even taken the view that the 'real' Nietzsche is to be found in the notebooks, the published work being a kind of elaborate – very elaborate – set of concealments. That absurd attitude is taken by Heidegger, who is thus enabled to peddle his own philosophy as deriving from and also critical of Nietzsche.

Like all his other commentators, I shall occasionally quote from the *Nachlass*, but I shall indicate when I am doing that. Nietzsche took great pains over the finished form of what he published, and he was the last person to think that style was an optional extra. Since he was a natural stylist, his jottings make more elegant reading than most philosophers' finished products. But when one compares his published thoughts with his draft versions of them, the difference is striking enough to make anyone cautious of taking them as being on a par, one would have thought. I emphasize this point because, as we shall see, the manipulation of what Nietzsche wrote has been a major factor in myth-making about him.

None of this explains adequately how Nietzsche could come to be portrayed as the Man of Sorrows, or indeed in many other guises. For all his ambiguities and his careful lack of definition of an ideal, one would have thought there were limits to the extent of possible misrepresentations. All I can lamely say here is that evidently there appear to be no limits. If someone develops a reputation as vast as his rapidly became, once he was no longer in a position to do anything about it, it seems that he will be unscrupulously used to give credentials to any movement that needs an icon. Here, as in some other respects, he does with awful irony come to resemble his antipode, the 'Crucified One'. Almost the last words he wrote were, 'I have a duty against which my habits, even more the pride of my instincts, revolt at bottom: *Listen to me! For I am thus and thus. Do not, above all, confound me with what I am not!*' (*EH*, preface, 1). In the century since he wrote that, few of his readers, fewer still of those who have heard about him, have done anything else.

Chapter 2
Tragedy: Birth, Death, Rebirth

Nietzsche was a precocious student, but though he wrote copiously from an early age, his first book, *The Birth of Tragedy*, or to give the first edition its full title, *The Birth of Tragedy from the Spirit of Music*, only appeared when he was 27. Its hostile reception in the academic world, where he had received such early advancement as to be appointed Professor of Classical Philology at Basle at the age of 24, should not have surprised him; but apparently it did. It meets no conceivable standards of rigour, let alone those that obtained in the study of the ancient Greeks. A broadside soon appeared over the name of an old enemy from his schooldays, Ulrich von Wilamowitz-Moellendorf, who charged him with ignorance, distortion of the facts, and grotesque parallels between Greek culture and the modern world. Erwin Rohde, a staunch friend, replied in terms at least as pugnacious, and the kind of battle familiar in academic circles directed to those who offend against their canons ensued. Nietzsche had gained notoriety, but it was brief, and was the only kind of fame with which he was ever to be acquainted.

Readers ever since have been divided into those who find its rhapsodic style, and the content which necessitates it, intoxicating, and those who respond with bored contempt. Both are readily understandable. It is a whirlwind of a book, swept along by the intensity of its strange set of enthusiasms and its desire to cope with as many topics as possible in a short space, but masquerading as a historical account of why Greek tragedy lasted for so short a time, and arguing that it had recently been reborn in the mature works of Richard Wagner. Nietzsche had been a fanatical admirer of some of Wagner's dramas since he encountered the score of *Tristan und Isolde*, which he and some friends had played on the piano and quasi-sung when he was sixteen (*EH* 11. 6; but see also Love, 1963). And he had met the composer and his then mistress Cosima, daughter of Liszt, in 1868, becoming their close friend in 1869, and visiting them often during the years that they lived in Tribschen on Lake Lucerne. There is no doubt that the whole subject-matter of *BT* had been discussed frequently during those visits, and that Wagner contributed substantially to the development of some of its central theses (Silk and Stem, 1981: ch. 3). But when he and Cosima received their copy of the book they were nevertheless bowled over by it. However much influence Wagner, who adored pseudo-historical speculation, may have had, there was enough that was new to him in the book for him to find it a revelation.

Generally sympathetic readers of the book have often regretted that its last ten sections are largely devoted to a consideration of Wagner's art as the rebirth of Greek tragedy. Not only does the claim seem to them in itself absurd, but also they feel it detracts and distracts from the unity, such as it is, of the first two-thirds of *BT*. That is almost wholly to miss the point of the book's endeavour, and of what Nietzsche spent his life trying to do. For what makes *BT* the indispensable start to Nietzsche's writing career, for those who want to understand the underlying unity of his concerns, is the manner in which he begins with a set of issues which seem to be remote from the present time, but gradually reveals that his underlying concern is with culture, its perennial conditions, and the enemies of their fulfilment.

BT begins at a spanking pace, and the momentum never lets up. It is a good idea to read it for the first time as fast as one can, ignoring obscurities and apparent diversions from the central argument (that term being used in a generously broad sense). Such an initial reading certainly involves taking a lot on trust, but to subject it to critical scrutiny the first time through is a recipe for irritation and ennui. It is important to get the sense of flux which the book possesses and which is to some extent also its subject-matter. After the 'Preface to Richard Wagner' which mentions both 'the serious German problem we are dealing with' and the conviction that 'art is the supreme task and the truly metaphysical activity of this life,' Nietzsche begins the book proper with the claim 'We shall have gained much for the science of aesthetics when we have succeeded in perceiving directly, and not only through logical reasoning, that art derives its continuous development from the duality of the *Apolline and Dionysiac*.' So within the space of a very few lines Nietzsche has shown that he is going to be advancing on three fronts. The first mentioned is that of the contemporary crisis in German culture, the second an audacious claim about the nature of metaphysics, and the third a concern with 'the science of aethetics'. (For 'science' Nietzsche uses the word 'Wissenschaft', which covers any systematic investigation, and not what is meant by 'science' in English – this should be remembered throughout his work, or indeed any discussion in German.)

He rapidly moves on to dealing with the 'opposition' between the Apolline and the Dionysiac, but that should not be taken to mean that they are enemies. As his exposition unfolds, it immediately becomes clear that 'These two very different tendencies walk side by side, usually in violent opposition to one another, inciting one another to ever more powerful births,' until they seem 'at last to beget the work of art that is as Dionysiac as it is Apolline – Attic tragedy.' This kind of opposition which yet contrives to be immensely more fruitful than anything that could be produced by either of the opponents going it alone is characteristic of nineteenth-century German philosophy, its leading exponent being Hegel, a philosopher to whom Nietzsche was in general strongly antagonistic throughout his life, no doubt in part because of his attachment to Schopenhauer, whose loathing of Hegel was notorious. But in the elaboration of the opposition and its overcoming Nietzsche does not need any of the dialectical apparatus that Hegel encumbers himself with. For he can work out his scheme by means of images and examples, and that is what he does, though the examples are often used tendentiously.

The idea is that the Apolline is the art of appearance, indeed *is* appearance. Nietzsche invokes dreams to make his point, that at its most representative Apolline art has extraordinary clarity, giving hard edges to what it depicts, exemplifying the *principium individuationis* (the principle of individuation) which Schopenhauer had located as the major error that we suffer from epistemologically – we perceive and conceive of the world in terms of separate objects, including separate persons. As beings with sense organs and conceptual apparatus, we cannot avoid this fundamentally erroneous way of viewing the world; and for Schopenhauer it is responsible for many of our most painful illusions and experiences, though it is unclear that overcoming it should lead to our lives being any less frightful.

Nietzsche traded, in *BT*, on the confusions in Schopenhauer's thought – it is nowhere evident that he was any more aware of them than Schopenhauer himself – to produce his own, somewhat independent, 'artists' metaphysics', as he contemptuously refers to his procedure in the 'Attempt at a Self-Criticism', the magnificent introduction that he wrote to the third edition of the book in 1886, the year of self-reckoning. By that phrase 'artists' metaphysics' he meant partly a metaphysics tailor-made to give art an importance that he later came to regard as preposterous; and partly the use of artistic or pseudo-artistic methods to produce metaphysical views, testing them by their beauty rather than for their truth. One way of looking at *BT* is as a transcendental argument, in Kant's sense. What that comes to in general is the following pattern: *x* is the case – the datum. What else must be the case in order for that (*x*) to be possible? Nietzsche's datum is very unlike that found in any other philosopher, since it gives primacy to our aesthetic experience, normally low on the list of philosophical priorities, when it figures at all. He takes the experiences we have of Apolline art (sculpture, painting, above all the epic) and Dionysiac art (music, tragedy) as his data, and asks how the world must be in order for these experiences to be vouchsafed us. We have seen that he compares Apolline art to dreams; Dionysiac art is aligned rather, as a first indication of its nature, with intoxication, the low way in which the principle of individuation is felt to be overcome, the loss of clarity, and the merging of individualities.

Why do we need them both, once we have grasped that one is the representation of beautiful appearance, while the other enables us to experience reality so far as we can without being destroyed by it? Because we are so constructed that doses of reality must be reserved for special occasions, as the Greeks realized: for festivals (the first Bayreuth Festival was being planned while Nietzsche wrote, though it would not materialize until 1876). But there is more to it than that. There is nothing wrong with appearances, so long as we realize that that is what they are (this will always be a leading motif in Nietzsche's work). As we saw, the Greek epic is an Apolline art form, and its proudest manifestation is of course the *Iliad*, a work that delights us with its lucidity and its hard edges. The Greeks who lived it were happy to make for themselves fictions of a realm of gods enjoying themselves at their expense – 'the only satisfactory form of theodicy', Nietzsche remarks memorably (*BT* 3). And at this level the formula which occurs twice in the first edition, and is repeated approvingly in the 'Attempt at a Self-Criticism', operates: 'Only as an aesthetic phenomenon is the world justified' (the formulations vary slightly). Since for the Greeks of the Homeric age existence on its barest terms would have been intolerable, they showed a heroic artistic instinct in turning their battle-bound lives into a spectacle. That is why they needed gods; not to console themselves with the thought of a better life hereafter, which has been the usual motivation for postulating another world, but to mark the distinction between any life they could lead and the immortal lives of the gods, who just because they were immortal could be as reckless and irresponsible as Homer shockingly, to us, shows them being. 'Anyone who approaches these Olympians with a different religion in his heart, seeking elevated morals, even sanctity, ethereal spirituality, charity and mercy, will quickly be forced to turn his back on them, discouraged and disappointed' (*BT* 3).

If we can give a sense, any longer, to the concept of the heroic – something about which Nietzsche had lifelong doubts – it is surely in getting an imaginative grasp on such a vision. This is Nietzsche's first attempt to give force to a phrase that he became addicted to in his later work, 'a pessimism of strength'. He was never callow enough to be an optimist, to think that life would ever become, in a way that a non-hero could appreciate it, wonderful. We, as non-heroes, can only concern ourselves with improving 'the quality of life' (one wishes Nietzsche were around to give what would be the only adequate comment on that appalling phrase). If we feel that it cannot be improved, we become pessimists, but sentimental, or as Nietzsche came to call it 'Romantic' ones, lamenting the miseries of life, and perhaps putting our laments into suitably emollient poetic form.

Nietzsche's celebration of Homer and the heroes to whom he gave his version of immortality by writing the *Iliad* is enough to show that there is nothing intrinsically wrong with Apolline art. But it connives in an illusion, and so is inherently unstable, liable to lapse into something less worthy. As the Greeks became more aware of their relationship to the gods, the age of the epic, which refuses to probe where trouble is likely to be the outcome, gave rise to the age of the tragic. There are many ways in which Nietzsche expresses this momentous transition, most of them influenced by his passionate but short-lived discipleship of Schopenhauer. At the end of section 1 of *BT* he writes: 'Man is no longer an artist [as he had been in creating the gods], he has become a work of art: the artistic power of the whole of nature reveals itself to the supreme gratification of the primal Oneness amidst the paroxysms of intoxication.' At this still early point in *BT* we have the feeling, thrilled or exasperated according to our temperament, that Nietzsche is making it all up as he goes along. He has had a large number of profound and moving artistic experiences, not very many of other kinds, and he is trying to make sense of them in the only way a great critic, at least since the collapse of the Classical tradition in criticism, can do: by composing a work which seems, in its essential movement, to duplicate the strength and richness of those experiences.

In such a mode of procedure, words and phrases come first, then you think what you mean by them. It is a procedure which Nietzsche would use all his writing life, but would soon realize was not fitted to the mode of expression typical of a monograph with the appurtenances of an academic treatise. The passage that I quoted immediately above is a good example of that. Having characterized the Homeric Greeks as artists, thanks to their creative capacities with respect to inventing capricious deities (capacities that they had to have to endure life) he moves on to the idea that they become works of art themselves, but the movement is in the first place on the level of playing with words for a serious purpose. Then he has to justify it, having first explained what it means. The Schopenhauerian notion (which provided the framework in which his thinking could be done) that underlying all individual appearances is a single, fundamentally unchanging Oneness comes to his rescue, and he celebrates the tragedy-producing Greeks for making men into works of art, or in his alternative formulation, 'artists of life'. They realize that to confront reality instead of loving beautiful appearances they must cope with the fact that life is *au fond* eternally destructive of the individual, and allow themselves to abandon their separateness, delighting in the Dionysiac art which was their stronghold against the Dionysiac festivals of the barbarians, at the centre of which 'was an extravagant want of sexual discipline, whose waves engulfed all the venerable rules of family life. The most savage beasts of nature were here unleashed, even that repellent mixture of love and cruelty that I have always held to be a "witches' brew"' (*BT* 2).

Art, that is, always, even at its most Dionysiac, possesses form, and thus up to a point falsifies its subject-matter, which is a formless swirl of pain-cum-pleasure, with pain predominating. But it needs to perform this falsification, for otherwise we would find it unendurable. Thus much later in the book when he is discussing Wagner's *Tristan und Isolde*, Nietzsche claims that it has to be a drama, because in dramas there are characters, i.e. individuals, which means that Apollo is playing his part. In Act III of the drama, Tristan the character interposes between us and Wagner's music; Tristan mediates the experience which causes him to die, and we survive, having come as close as possible to direct contact with the primal reality. So tragic heroes are sacrificial victims, and we achieve 'redemption', a favourite term of Wagner's as well as of Christians, which Nietzsche was shortly to regret having used, though in other contexts it went on serving his purpose.

I have vaulted over the intervening chapters of *BT* in order to show how Nietzsche tries to establish a continuity between Greek tragedy and Wagnerian music drama. The latter is bound, he thinks, to mean more to us than the former can because the music to which the Greek tragedies were performed has been lost, so we can only infer their effects from accounts of how their audiences responded to them: they were put into a state of *Rausch* (intoxication) which is only now once more available to us. This state is impossible except to a community of spectators, whose sense of loss of identity is an upmarket version of that felt by a contemporary football crowd. But we have to concentrate on the way that *Rausch is* produced, otherwise there will be no qualitative distinction between a football crowd and the audience at a tragedy. Before long Nietzsche came to feel, for complex reasons, that there was no significant distinction between an audience of Wagnerians and his equivalent of a band of lager louts. But that thought lay in the painful future. For the present he was intent on the regeneration of the spirit of community thanks to its members being united in a common ecstasy. That is 'the seriously German problem that we are dealing with', Nietzsche at this stage taking it that the Germans were the possessors of a sensitivity to ultimate truths and values which other nations are denied, thanks in large part to the richness of the Germans' musical inheritance.

In between his opening statements about the duality of Apollo and Dionysus and the extraordinarily involved dialectic in which they fertilize one another in the closing sections of the book we get Nietzsche's highly, not to say grotesquely, schematized version of the peaks (Aeschylus and Sophocles) and decline (Euripides) of Greek tragedy. His central thesis is that in the peaks the chorus predominates, so that the audience sees on stage its own reflection, raised to overpowering heights of suffering and transfiguration. But when Euripides, whose plays unfortunately survive in far greater numbers than those of his superior predecessors, arrives on the scene he manifests an interest in individuals, in psychology, and worst of all in the beneficial effects of rationality, or as Nietzsche tends to call it, 'dialectic'. Nietzsche has no doubts that the corrupting influence on him was Socrates, fully deserving his hemlock not for his power over the youth of Athens, but over what might have been its continuing tragic greatness. 'Euripides became the poet of aesthetic Socratism' (*BT* 12).

The characteristic that makes Socrates so radically anti-tragic a figure is his belief in the omnipotence of reason – though one might point out that in the dialogues of Plato which scholars regard as most likely to be accounts of Socrates' own views, not much progress is made, except of a negative kind. But Nietzsche's portrayal of him survives this point:

> In this quite abnormal character, instinctive wisdom appears only to *hinder* conscious knowledge at certain points. While in all productive people instinct is the power of creativity and affirmation, and consciousness assumes a critical and dissuasive role, in Socrates instinct

> becomes the critic, consciousness the creator – a monstrosity *per defectum*!
>
> (*BT* 13)

The image of Socrates was never to let Nietzsche free; as with all the leading characters in his pantheon and anti-pantheon, his relationship with him remains one of tortured ambivalence. For Nietzsche did not think that the relationship between instinct and consciousness was as simple as he here pretends to. What he was sure of was

> the optimistic element in dialectic, which rejoices at each conclusion and can breathe only in cool clarity and consciousness: that optimistic element which, once it had invaded tragedy, gradually overgrew its Dionysiac regions and forced itself into self-destruction – its death-leap into bourgeois theatre. We need only consider the Socratic maxims: 'Virtue is knowledge, all sins arise from ignorance, the virtuous man is the happy man.' In these three basic optimistic formulae lies the death of tragedy.
>
> (*BT* 14)

It is a brilliant indictment, even if it has very little to do with Euripides. For it can be no accident that the great tradition of rationalism in Western philosophy has gone with an amazing uniformity of optimism, nor that we have to wait until Schopenhauer to encounter a philosopher who is a pessimist, and going with that an anti-rationalist, believing in the primacy of an irrational Will. The Western tradition has been inimical to tragedy, thanks to the co-operation of Platonism and Christianity, and its great tragedies, above all those of Shakespeare and Racine, are either removed from a theological context or in uneasy relationship to it. Not that Nietzsche is able to countenance Shakespeare as a fully-fledged tragedian, because of the absence of music. This puts him in an awkward position, which he deals with by almost total evasion. The one briefly sustained passage on Shakespeare in *BT* is brilliantly perceptive on Hamlet, as being a man who, having looked into the Dionysiac abyss, realizes the futility of all action – he is not a delayer but a despairer (*BT* 7). But how that can have the full tragic effect, if it does, is not something that he explores.

More damagingly still, Nietzsche does nothing to explain why there are so few musical tragedies; he seems to take it for granted that Wagner wrote them, though it seems clear to me that he did not. Indeed, one composer after another has used the sovereign powers of music to show that, however bad things may be on stage, they can be saved. What really impressed Nietzsche was the degree of ecstasy which music, unlike any other art, can induce. And since he accorded a traditionally high status to tragedy, as the art form which shows how we can survive even the apparently unendurable, he effected an amalgam of the two.

It is here that his allegiance to Schopenhauer is most damaging. For Schopenhauer too believed that music gives us direct access to the movements of the Will, since it is unmediated by concepts. But on his general account of the nature of the Will, eternally striving and necessarily never achieving, it is hard to see how or why we should take any pleasure in an art which puts us in immediate contact with it. One would have thought that the greater distance there is between us and reality, the less tormented we would be.

Nietzsche modifies Schopenhauer somewhat by claiming that the Primal One is a mixture of pain and pleasure, but as stated above pain predominates. What Nietzsche is doing is attempting to answer the traditional question: Why do we enjoy tragedy? He rightly dissociates himself from the traditional answers, viewing them as shallow and complacent. But in his effort to erect tragedy into an agent which transfigures the seemingly untransfigurable, he overshoots the mark, appearing himself to fall into the trap of equating the true and the beautiful, something which he later excoriated in satisfyingly vigorous terms. We want to ask him the question at this point that he was not to ask until more than a decade later: Why truth rather than untruth? What is it in us that urges us always to seek the truth?

It is not as if he has no answers to these questions in *BT*, but they remain obscure. And we shall not find him getting fully to the bottom of these issues until his last phase. What is noteworthy, though, is that he is already embarking on the central quest of his life: How can existence be made bearable, once we grasp what it is really like? The way he approaches it here is by quoting early on a story about Silenus, friend of Dionysus, who said 'Miserable, ephemeral race, children of hazard and hardship, why do you force me to say what it would be much more fruitful for you not to hear? The best of all things is something entirely outside your grasp: not to be born, not to be, to be nothing. But the second-best for you is to die soon' (*BT* 3). But though Silenus is 'wise', ultimately tragic wisdom (Nietzsche is constantly opposing *Wissenschaft* (knowledge, science) and *Weisheit* (wisdom), manages to trump even him. It does so, according to some pretty esoteric manoeuvres executed late in the book, by an elaborate interplay between the Apolline and the Dionysiac. Then comes his most suggestive remark: 'The pleasure produced by the tragic myth has the same origin as the pleasurable perception of dissonance in music. The Dionysiac, with its primal pleasure experienced even in pain, is the common womb of music and the tragic myth' (*BT* 24).

One might feel that this is what Schoenberg later called 'the emancipation of the dissonance' with a vengeance. For though we find music without dissonances to be resolved insipid, the world seems to present us rather with incessant dissonance, with odd moments of respite. But it is no good pressing the point at this stage. Nietzsche is indeed providing us with an artist's metaphysic, in which the recalcitrance of the material to be organized is a stimulus to ever-greater feats of creation – but a creation that is also an imitation, so that we can say both that we are presented with reality, but that through being given form it is transformed.

At the beginning of the *Duino Elegies*, Rilke writes: 'For Beauty is nothing / but the beginning of terror, which we are still just able to endure, / and we are so awed by it because it serenely disdains to annihilate us' (trans. by Stephen Mitchell, slightly modified). That, one could fairly say, is the basic thought of *BT*. It is at the least disturbing, and may even be felt to be disgusting (Young, 1992: 54–5). It decisively obliterates the long-held distinction between the Sublime and the Beautiful, making the former into an all-important element in the latter. But that may be the least striking of its innovations. More significantly, it announces the determination which Nietzsche maintained throughout his career, and manifested heroically in his life, not to give pain an automatically negative role in life, something which he perhaps felt more oppressed by in the contemporary scene than anything else. At the same time, he was possessed by a vision of the world as a place of such horror that any attempt to give meaning to it in moral terms is simply impossible. That is why in the 'Attempt at a Self-Criticism', having criticized the book more harshly than anyone else had done, saying that he found it 'impossible', he still finds that 'it already betrays a spirit which will defy all risks to oppose the *moral* interpretation and significance of existence' (*BT*, 'Attempt at a Self-Criticism', 5). And a few lines further on he specifies 'Christianity as the most extravagant elaboration of the moral theme that humanity has ever heard.' Though there is hindsight operating here, it is true that he was always sensitive enough to suffering (other people's – he was an incredible stoic about his own) to find an 'explanation' of it in terms of the good it does us, its being a retribution for our wrongdoings, and the rest of the clap-trap that rings down through the millennia intolerable.

BT may well be most of the awful things Nietzsche and others have accused it of, but it has proved a fecund source of inspiration for Classical scholars and anthropologists. It is also, thanks to its highlighting of the Apolline – Dionysiac duality, a book that has had a powerful influence on the vulgar imagination. It gains, too, from rereading; once one has the general movement clear, there are many particular insights that are not to be found elsewhere in Nietzsche. But it will never repay a certain kind of close reading, that which is in vogue today and looks for aporias, fissures, self-subversions, and the rest of the deconstructionist's tool-kit. Only books which apparently achieve a consistency of thought which *BT* undeniably lacks will do that. Its consistency is to be found only in the enthusiasm with which Nietzsche is determined to weld together in a process of feeling his most cherished concerns, and his idols as manifesting them. It is, in other words, a young man's book, less candid than his later ones about its closeness to its author. And, perhaps most strikingly, it is the most optimistic expression of a pessimistic world-view that has ever been penned.

Chapter 3
Disillusionment and Withdrawal

The years which culminated in the writing of *BT* were the happiest in Nietzsche's life, indeed the last that were not dogged by ill health, loneliness, and rejection. When the Wagners left Tribschen and moved to Bayreuth in 1872 Nietzsche's most consistently warm and fruitful relationship(s) were at an end. Without Wagner's presence, Nietzsche began to have doubts about the quality and purpose of his music dramas, on which he meditated to the end of his life. But he was still officially a Wagnerian, recruited to produce more propaganda for a cause that badly needed it. Anxious about the state of German culture, which he soon began to feel he had vastly overrated in *BT*, he embarked on a series of tracts for the times, therefore called *Untimely Meditations*. Thirteen were projected, but only four were written. Probably that is two too many. Upwards of fifty pages in length, as long essays, they show Nietzsche failing to discover a form that is suited to his gifts. Trying to expound and develop an argument in a manner less ecstatic than *BT*, he resorts for the only time in his life to diffuseness and padding.

But there is a more basic problem with *UM* than those. While he directs himself to assessing the health of contemporary culture, with an attack on the aged David Strauss, author of *The Life of Jesus*, but more perniciously for Nietzsche, of *The Old Faith and the New*; to the practice of historiography; and then to celebrations of the genius of

Schopenhauer and Wagner, he had not, with the signal exception of the Second Meditation, 'On the uses and disadvantages of history for life', found subjects which coincided sufficiently closely with his concerns. The book by Strauss that he selects for critique in the First Meditation is so undemanding a pewside read, so unresisting an object for intelligent scorn, that one wonders why Nietzsche is bothering, and evidently so does he. Even so, it is worth reading through; it deals with very much the same topics as Matthew Arnold's *Culture and Anarchy*, and the most profitable way of reading it is side by side with that shallow and influential pamphlet, whose terminology it shares to a surprising degree. And it does contain one of Nietzsche's most inspired coinages, 'philistine of culture', the man who knows about what he should, and makes sure that it has no effect on him.

The Second Meditation is a great work, a real meditation on the extent to which we can cope with the burden of knowledge, specifically historical knowledge, and still manage to be our own men. And it ends with a rousing appeal to us to embrace the Greek concept of culture as opposed to the Roman, the former being that 'of culture as new and improved Nature [*physis*], without inner and outer, without dissimulation and convention, culture as a unanimity of life, thought, appearance and will' (*UM* 2. 10). Excellent, but there is a speech-day quality about these sentiments that nothing in the body of the essay does much to fill out.

The Third Meditation, 'Schopenhauer as Educator', is bewildering mainly because it is so little concerned with Schopenhauer. Nietzsche's discipleship of the compromised pessimist was waning, and what he chiefly has to praise about him is his scorn of university philosophers, but Schopenhauer had done it far better himself in Parerga and Paralipomena. The last Meditation, 'Richard Wagner in Bayreuth', makes painful reading. Even if we had no idea that Nietzsche was, while he wrote it, simultaneously entering in his notebooks grave questions about Wagner, we would feel something was wrong. It is the only occasion on which Nietzsche sounds insincere, trying to recapture a state of mind which had been wonderful while it lasted, but was moving with alarming speed into the past. The only explanation for Wagner's enthusiasm for it – 'Friend, how did you get to know me so well?' – is that he was too busy to read it. It makes, in its way, a fitting prelude to the next crucial event (one of the few) in Nietzsche's life: his attendance at the first Bayreuth Festival in 1876, and the break with Wagner.

Most of Nietzsche's commentators greet with relief his becoming an anti-Wagnerian, possibly because they think it exempts them from knowing anything much about Wagner. Of course it does nothing of the kind, since Wagner is the person who continues to feature more often in Nietzsche's writings than anyone else, including Socrates, Christ, or Goethe. But at a serious level they may feel that Nietzsche was not being true to himself when he was a Wagnerian, and became true to himself by causing the extremely painful rift, of which Wagner was not even aware for a long time. To decide what were, in order of importance, the factors which led to it is impossible. No doubt Nietzsche's naïve expectations of what the Bayreuth Festival would be like were shatteringly disappointed; so were Wagner's, but he knew what the practicalities of the situation were. The books had to be balanced, though they disastrously were not; but the attempt meant that the well-heeled had to be wooed, that what was intended to be a festival in which the community celebrated their shared values at minimal cost turned into something in which the fashionable world of philistines of culture was most in evidence, along with crowned heads and other irrelevances.

Nietzsche, horrified by the company, fled into the nearby countryside to recover from his eclipsing headaches. There, and later, he took stock of his relationship with Wagner the man and the artist. He was certainly now in a mood where he did not want to be anyone's disciple, and that must have been a key factor. He may have been in love with

Cosima; the evidence is inconclusive but makes the idea reasonable. The least convincing explanation is the one on which Nietzsche put most public weight – that Wagner had become a Christian. Receiving the poem of *Parsifal* was allegedly the last straw. But he had been present in 1869 when Wagner read out the prose sketch, and had heard Wagner talking about the subject, so it cannot have been the bombshell that he claimed it was. Not to be discounted are Nietzsche's own ambitions as a composer, the most embarrassing of his failures. A man who could play his own amateur piano pieces to Wagner, and who could continue to write, until much later, choral pieces that sound like Congregational Church hymns with a few wrong notes but are called 'Hymn to Life' or 'Hymn to Friendship' was evidently not able to judge his own gifts in this respect.

And it is not only as a composer that Nietzsche was frustrated. He was in a comprehensive way, a creative artist *manqué*. That accounts in large measure for the cavalier way in which he treats the great artists, even the ones he most admires, throughout his work. He is the most distinguished member of that class of writers, who at their best are incomparably insightful, at their worst arrogant and merely distorting; who, unable to produce art themselves, ransack other people's in order to purvey their own vision. Perhaps all the great critics (a very small class in any case) are like that. One certainly does not go to them for accurate accounts of the works with which they deal – that can be left to merely very good critics. But seeing the great artists, whose images in any case tend to become marmoreal as they are routinely categorized as 'classics', in the light of a fervent imagination providing a strange and highly 'interested' slant on them, is exhilarating. It probably accounts better than anything else for the continuing impact of such works as *BT*.

Perhaps the most helpful way to look at the break is that in Wagner Nietzsche had, for the only time in his life, met one of his symbols in the flesh. It is clear from *BT* onwards that almost all proper names in his texts stand not for individuals, but for movements, tendencies, ways of living. This characteristic of Nietzsche's is frequently inspired, occasionally perverse and misleading. The confusion in Wagner's case is that for him Wagner did, in the first place, mean a person with whom he had a 'star friendship' (*GS*), and he was not able to separate, in his writings, what Wagner was from what he came to stand for, so that the degree of ambivalence he shows towards him exceeds that of his other hero-villains. If he had never met Wagner he would still almost inevitably have given him an important role in his works, because Wagner does sum up for him, in the most convenient way, traits in late nineteenth-century culture to which he was mostly bitterly opposed, though not as single-mindedly as he would have liked to be. But the loss of Wagner as friend and mentor, though it was necessary, cost Nietzsche more than he was ever able to come to terms with.

Nietzsche dealt with his problems in the only way that was ever available to him: he wrote prodigiously, producing a new book that in nearly all respects shows his fast-growing powers, and in the mode that from now on most of what he composed would be in. *Human, All Too Human*, subtitled 'A book for free spirits', is in nine books, with very general titles, and 638 numbered sections, many with their own titles (he was later to publish two very substantial sequels, so that the whole volume is by far the largest of his books). As with all books written in this mode, it makes exhausting reading. Even though the sections are grouped together according to subject-matter, Nietzsche allows himself plenty of latitude, so one is bombarded with particular points which are displaced by others at such a rate that the result is, to one's dismay, unmemorable. The only way is to mark the sections that make a special impact, and return to them later. It is a crucial element in Nietzsche's strategy of writing, though a risky one. Its deployment so lavishly and so suddenly in his writing is the expression of his revulsion from the pseudo-narrative of *BT*, a book easy to remember despite its turgidity, simply because it does have a connecting thread.

But for all its perennial freshness, there is something about *HAH* which leads one to feel that Nietzsche is not working at the level which is naturally his. The dedication to Voltaire is a warning. For although Voltaire's breezy superficiality was what Nietzsche may have felt he wanted after the sustained effort to plumb the depths of Romantic pessimism, it is hard to think of two temperaments more essentially opposed. *Candide*, Voltaire's critique of optimism, is itself an ineliminably upbeat book. What appealed to Nietzsche in him, as in the French aphorists of the seventeenth century, was the hardness of their style, an Apolline quality which suggests that experience can be tied up in neat, eye-catching little parcels. All good aphoristic writing is tiring to read, because one has to do so much of the writer's work for him. He supplies a sentence, the reader turns it into a paragraph. Nietzsche wrote that he wanted to say in a page what anyone else would take a book to express – and what they even then would not have succeeded in expressing. But the kind of aphorisms and quasi-aphorisms that he aspired to write were ones that would have the effect of transforming the reader's consciousness: in other words, they would have the opposite effect from those of, say, La Rochefoucauld. Nietzsche, at his most characteristic and best, is always producing the reverse of an encapsulation of experience: his subversions, teasings, and insults are directed towards making us feel ashamed not only of how we are, but also of our complacency in thinking that we possess the best set of categories for the realization of what we might be. They are not weary, nor do they induce weariness, because they lead us to an enhanced sense of the possibilities of escape from the routine of being ourselves. It has been characteristic of the French tradition of moralists that they are observers, reporting elegantly on the perennial human condition. They provide *frissons* of shame in the reader, but no expectation that he might ever be different.

So Nietzsche's lengthy flirtation with them was more a matter of how they said things than of what they said. But that suggests something odd: for he is a stickler for the indissolubility of form and content, from the beginning to the end. How else could he have placed such a weight on genre in *BT*, where the fact that a work is a drama rather than an epic poem makes the whole difference to its impact? It can only be explained by his extreme turning-away from Romanticism: everything now had to be seen in the clear light of day, at the same time that it should be infinitely suggestive. In *HAH* he is more preoccupied with the former than the latter, and the result is that one feels, certainly in the light of his later work, that he is constraining himself, surveying the scene – human nature in its manifestations as social life, passion, the psychology of artists, solitude – without the will to transform which is his defining characteristic. So, to take at random one of his *aperçus*:

> *Thirst for profound pain.* – When it has passed, passion leaves behind an obscure longing for itself and even in departing casts a seductive glance. To be scourged by it must have afforded us a kind of joy. The milder sensations, on the other hand, appear insipid; it seems we always prefer the more vehement displeasure to a feeble pleasure.
>
> (*HAH* I. 606)

That is quite deep, and produces a sense, rather than a shock, of recognition. Elsewhere the accuracy can be painful: '*Compelling oneself to pay attention*. – As soon as we notice that anyone has to *compel* himself to pay attention when associating and talking with us, we have a valid proof that he does not love us or loves us no longer' (*HAH* II. 247).

Writing *HAH*, a book which Wagner said, on receiving his signed copy of it, Nietzsche would one day thank him for not reading, revealed to Nietzsche some aspects of himself he must have been pleased to discover. First, that he belonged to that rare breed on whom nothing is wasted. His range of experience was, in many respects, extraordinarily narrow, but it was adequate for him to view his culture and his acquaintances and produce unnervingly comprehensive accounts of them. In *Ecce Homo*, his bizarre autobiography in which the mood alternates vertiginously between the apocalyptic and the parodistic, he congratulates himself on the possession of a remarkably fine nose, an organ that philosophers have tended to give short shrift to. The first devastating manifestation of its acuteness is in *HAH*. Secondly, it showed him that even under conditions as miserable and deprived as he was in he could work at a level of brilliance which was self-generating. As in *BT*, one feels that it is the momentum of the writing that generates much of what is most impressive in it. Thirdly, and most significant, he was able to dwell on subjects which had occasioned fearful pain and not exhibit the least degree of rancour; *HAH* is a work in which he demonstrates, what he had not yet advocated, that it is possible to turn the most harrowing things that happen to good purposes, and exhibit high spirits without advertising to us that that is what he is doing, a trying tendency in some of his later works.

His next book, *Daybreak*, subtitled 'Thoughts on the Prejudices of Morality', continues the mode of *HAH*, but marks a crucial departure in content, and is much more of a piece with his later works. In between 1878, when *HAH* was published, to universal indifference, and 1880, when he wrote *D*, his pattern of life changed drastically, and the way in which he was to live for the next decade began. Most of his friends were bewildered by his change of direction, and he was alienated from all but the most loyal. In 1879, several years too late, he resigned his professorship at Basle, students having lost all interest in his teaching. In that year, too, he had 118 days of severe migraine, rendering him incapable of work. His health had been undermined by the combined attacks of dysentery and diphtheria which he had sustained in 1870, when serving as a medical orderly in the Franco-Prussian War; and it seems most likely that he contracted syphilis from a prostitute sometime in the late 1870s when he was in Italy, which led to his eventual insanity and paralysis. From then on he led a nomadic existence, looking for places which would alleviate his sickness, and permit him the maximum amount of solitude for writing. His preferred places were the towns of northern Italy in the winter, and the Swiss

Alps in the summer, though it was not until 1882 that that became his annual routine.

Nietzsche proffers some advice on how to read *D*, though it comes late in the book; 'A book such as this is not for reading straight through or reading aloud but for dipping into, especially when out walking or on a journey; you must be able to stick your head into it and out of it again and again and discover nothing familiar around you' (*D* 454). Which is all very well, but if taken seriously might result in one's never reading it all through. So once more it is a good idea to canter through it, and then to take Nietzsche's advice, if at all. But it is not really good advice, and is probably even meant sarcastically. For this, one of Nietzsche's least studied books, is where he gets back on to the high road of his life's endeavour. It might even seem that it is where he properly begins it, but that is to overlook the extent to which *BT* set the agenda.

Chapter 4
Morality and its Discontents

Nietzsche's fundamental concern throughout his life was to plot the relationship between suffering and culture, or cultures. He categorizes and grades cultures by the way in which they have coped with the omnipresence of suffering, and assesses moralities by the same criterion. That is why he was interested in tragedy, but lost interest when he came to feel that it was not a contemporary possibility. It is why he was always passionately preoccupied with the heroic, in life rather than art, and needing eventually to be rebaptized as the *Übermensch* (I shall leave this word untranslated, since I find 'superman' absurd, and 'overman' unnatural). It is the basis of his attack on transcendent metaphysics, and on all religions that postulate an afterlife. And, of course, it was of primary 'existential' concern to him, because his life was suffering.

Correlative with this preoccupation with how one regards suffering is Nietzsche's interest in greatness rather than goodness. For there is no greatness without a readiness and capacity to withstand, absorb, and use to best purpose an immense quantity of pain. Greatness, one might say to anticipate, involves putting pain to work; goodness involves attempting to eliminate it. All Nietzsche's later works will be devoted to exploring this profound difference. In *D* he presents his first, by no means tentative, analyses of the mechanisms of morality, and of the kind of authority it invokes.

To avoid misunderstanding, it will be useful to quote at length a passage from *D*, which undercuts many of the criticisms that are often made of Nietzsche:

> *There are two kinds of deniers of morality*. – 'To deny morality' – this can mean, *first*: to deny that the moral motives which men claim have inspired their actions really have done so – it is thus the assertion that morality consists of words and is among the coarser or more subtle deceptions (especially self-deceptions) which men practise, and is perhaps so especially in precisely the case of those most famed for virtue. *Then* it can mean: to deny that moral judgements are based on truths. Here it is admitted that they really are motives of action, but that in this way it is *errors* which, as the basis of all moral judgment, impel men to their moral actions. This is my point of view: though I should be the last to deny that in very many cases there is some ground for suspicion that the other point of view – that is to say, the point of view of La Rochefoucauld and others who think like him – may also be justified and in any event of great general application. Thus I deny morality as I deny alchemy, that is, I deny their premises: but I do not deny that there have been alchemists who believed in these premises and acted in accordance with them – I also deny immorality: not that countless people feel themselves to be immoral, but that there is any true reason so to feel. It goes without saying that I do not deny – unless I am a fool – that many actions called immoral ought to be avoided and resisted, or that many called moral ought to be done and encouraged – but I think that the one should be encouraged and the other avoided *for other reasons than hitherto*. We have to *learn to think differently* – in order at last, perhaps very late on, to attain even more: *to feel differently*.
>
> (*D* 103)

It is a pity that what Nietzsche tells us 'goes without saying' is something that he thereby rarely bothered to reiterate. For it is a vulgarly and widely held view that he did deny that 'many actions called immoral ought to be avoided and resisted,' etc. Note, though, that in this very careful piece of writing – it is typical of *D*, and makes it all the more surprising that it is so rarely referred to – he does say 'many' actions, but fails to specify which. That is partly, I think, because his views were undergoing radical development at this time, and he may not have wished to commit himself in certain cases. But he is, at this stage, unsure too about how far withdrawing the 'premises' of morality was going to alter the conclusions. Among the premises that he immediately goes on to attack are those which define the goal of morality in terms of 'the preservation and advancement of mankind,' about which he asks

> Can one deduce from it with certainty whether what is to be kept in view is the longest possible existence of mankind? Or the greatest possible deanimalisation of mankind? How different the means, that is to say the practical morality, would have to be in the two cases! . . . Or suppose one conceived the attainment of mankind's 'highest happiness' as being the *to what* and *of what* of morality: would one mean the highest degree of happiness that individual men could possibly attain to? Or a – necessarily incalculable – average happiness which could finally be attained by all? And why should the way to that have to be morality?
>
> (*D* 106)

He keeps going at this furious pace, leaving the hapless commentator wondering whether to expound in detail, a valuable enterprise which would result in a very large book, but no larger than the ones awarded many times over to such worthless works as Kant's *Critique of Practical Reason*, surely the most shattering disappointment in the history of philosophy, coming after the *Critique of Pure Reason*, one of its greatest glories. Anyway, that is impossible here. The main thrust of *D*, which also has, as always, reflections on a vast range of subjects, among which contemporary music looms large, is to demonstrate the mess that morality is in. As he puts it succinctly: '"*Utilitarian*". – Moral sensibilities are nowadays at such cross-purposes that to one man a morality is proved by its utility, while to another its utility refutes it' (*D* 230).

What is notable about *D is* the restraint and the modesty of its claims. There is no hint that Zarathustra will soon come down from his mountain, smashing all our moral tablets. Most of the points that it makes seem to me ungainsayable, but clearly that is not how they strike everyone. Thus we still find plenty of people, philosophers among them, who claim, for instance, that morality is a self-supporting system, resting on nothing outside itself; that morality is founded in reason, and that the basis of morality is demonstrable; that, as Nietzsche says, a morality is proved by its utility, or that it is refuted by it. To argue at length about these issues is important, but would be beside the point in considering Nietzsche's development. For all the debates that are current, at least in the anglophone world, about morality assume a great deal that Nietzsche denies. None of them, so far as I am aware, is prepared to see how the various somewhat differing codes of morality that we encounter arise from conflicting views about the nature of the world. It is astonishing, for example, to hear philosophers talking about their 'intuitions' as something to be trusted and left unscrutinized, unless they come into conflict with one another. 'My intuitions are that . . .' is a common way to begin a philosophical discussion, as if one represented the eternal voice of mankind.

It is on this basis, too, if not of one's own intuitions, then of those that 'we' share, that many of Nietzsche's moral positions are routinely dismissed, as being 'elitist', 'anti-democratic', and so forth. This is such a vital issue, and one which must be coped with by any Nietzschean commentator, that I shall quote, also at length, from Henry Staten, who has written what I regard as all told the most illuminating book on Nietzsche:

Our moral beliefs did not fall from heaven and neither are they credentials we can flash like a badge to establish our moral probity. Consider all the rest of human history, including most of the planet at the present moment. What are we to say about this overwhelming spectacle of cruelty, stupidity, and suffering? What stance is there for us to adopt with respect to history, what judgment can we pass on it? Is it all a big mistake? Christianity attempted to recuperate the suffering of history by projecting a divine plan that assigns it a reason in the here and now and a recompense later, but liberalism is too humane to endorse this explanation. There is no explanation, only the brute fact. But the brute fact we are left with is even harder to stomach than the old explanation. So Left liberalism packages it in a new narrative, a moral narrative according to which all those lives ground up in the machinery of history are assigned an intelligible role as victims of oppression and injustice. There is an implicit teleology in this view; modern Left liberalism is the telos that gives form and meaning to the rest of history. Only very recently is it possible for someone like Schutte [Ofelia Schutte, who in her book *Beyond Nihilism: Nietzsche Without Masks* castigates Nietzsche for his authoritarianism] to write as she does, with so much confidence that the valuations she assumes will be received as a matter of course by an academic audience, just as much as a Christian homilist writing for an audience of the pious. And only within the protective enclosure of this community of belief can there be any satisfaction in the performance of this speech act, any sense that anything worthwhile has been accomplished by the recitation. When this moral community by means of such recitation reassures itself of its belief, it comes aglow as the repository of the meaning of history, as the locus that one may occupy in order to view history and pass judgment on it without merely despairing or covering one's eyes and ears. There may not be any plan behind history, nor any way of making up their losses to the dead, but we can draw an invisible line of rectitude through history and in this way take power over it. Against the awesome 'Thus it was' of history we set the overawing majesty of 'Thus it *ought* to have been.'

> But our liberalism is something that sprang up yesterday and could be gone tomorrow. The day before yesterday the Founding Fathers kept black slaves. What little sliver of light is this we occupy that despite its contingency, the frailty of its existence, enables us to illuminate all the past and perhaps the future as well? For we want to say that even though our community of belief may cease to exist, this would not affect the validity of those beliefs. The line of rectitude would still traverse history.
>
> (Staten, 1990: 78–9)

Staten is at pains to make clear, after this immensely impressive passage, that he is not criticizing liberalism on a relativistic basis, but only reinforcing Nietzsche's point about the contingency of our historical position, and thus of our values. This must mean that it is not enough to carry out the rituals of horror at his later views, but that they need to be seen as part of an economy of values in terms of which he, in a lonely way, and thus in a frequently and increasingly strident tone, tries to cope with life.

Even though *BT* takes up a spectator's view of tragedy, in part because it is dealing with the dramatic form rather than with human history, it emerges clearly enough that for Nietzsche the dreadfulness of existence is a perpetually present fact. 'Only as an aesthetic phenomenon is life justified' – but we must recall that Nietzsche also says, in the same book, that we ourselves are to become part of the phenomenon. There is not 'life' and then us with ringside seats. If he had thought that in 1871, he would soon be taught his mistake in the most devastating way.

And morality, meaning the variety of attitudes that we find officially espoused in our society? It ministers to our welfare, in its basic form, so that at least we feel safe when our backs are turned on other people. There is no denying that – that is what Nietzsche means by saying he does not deny that many actions called immoral ought to be avoided, etc. But is that not merely a matter of prudence? Of course, Nietzsche says. And the idea that has been touted by many philosophers, beginning with Plato, that on the one (lower) hand there is prudence, and on the other (exalted) hand morality, for which there are sanctions of a transcendental kind, strikes him as high-minded nonsense. So there is the level of morality at which it serves a useful function, and is required by any society that is to survive – though if you are powerful, of course you can get away with a great deal. But that only takes us as far as the continuance of life. What of giving life some point and purpose once we have got that far? The term 'morality' is often used to cover that too, though some people prefer to talk of 'ideals', which they say are essentially individual. Nietzsche does not investigate these matters of nomenclature, but when he is condemning morality or kinds of morality, and when he is calling himself an immoralist, he has the purpose and point of life in mind.

This is where things begin to get complicated. In trying to make them as clear as possible, I shall both depart to some extent from the chronological exposition of Nietzsche, and also rely very heavily on an article by Frithjof Bergmann, on 'Nietzsche's Critique of Morality' (Solomon and Higgins, 1988). But it should be reassuring that sometimes commentators agree – to the point of holding identical views. In the course of what I have to say, the distinction between morality as convenience and morality as ideal will virtually collapse, along with a good deal else.

The first thing to hold in mind is that Nietzsche does not deny the existence (in some sense) of values. It is a common and amazing mistake to think that he does. But the denial of value is what he primarily means by 'nihilism', the advent of which he dreads above all else. If he sometimes thinks of himself as the prophet of nihilism, it is not in the sense that he is proclaiming its arrival, as something to be celebrated, but in the sense that Jeremiah was the prophet of the destruction of Jerusalem. What he portrays, in book after book, is the gradual but accelerating decline of Western man into a state where no values any longer impress him, or where he mouths them but they mean nothing to him any longer. That is what he sees as imminent. How has this catastrophe, which none of his contemporaries seemed to recognize, come about, and how can it be remedied?

The answer involves looking at two aspects of morality. First, its grounding. Secondly, its content. Morality as it is still practised derives from the Hebraic–Christian tradition, in the largest measure, which means that its origins are to be found in the dictates of the god of a small Middle Eastern tribe, and that its contents remain very much what they were. That immediately transcendentalizes them in two ways. First, their deliverance is a matter of unquestionable commands, for which the punishment for violation was at one time instant divine retribution. Second, since the content was evidently designed for the continuance of the tribe, whose living conditions were vastly different in many ways from ours, it has had to be made more abstract and disconnected from the conditions in which we live. A result has been that morality has in part become unintelligible, and in part has to be coerced into relevance by making us into the kind of beings to whom it would sensibly apply, even though in many respects we know that that is false.

The matter is complicated further by the discrepancies between the Old and New Testaments, and Christ's disingenuousness in claiming that he had come not to destroy the law, but to fulfil it (Matt. 3: 17). Since many of his most impressive precepts are in sharp conflict with the Law, for instance 'Resist not evil', but the Old Testament has remained part of the canon of sacred texts, Christianity has always been in a state of moral identity-crisis. That, though a large factor in the moral bewilderment of the West, is a marginal issue for Nietzsche, whose main interest is in the nature of morality's sanctions in general.

For all sorts of reasons, philosophers of the last three hundred years or so have been concerned to stand by the moral precepts that they have inherited, while attempting to find new foundations for them, including the limiting case of denying that they need foundations. This being so, it is a pity that Nietzsche's Anglophobia led him to attack George Eliot when he was really attacking a tradition in which she plays an insignificant part. The attack comes in *Twilight of the Idols*, one of Nietzsche's last books, but it encapsulates, as so much of that witty and most trenchant of his works does, what he had been saying on the subject for a decade:

> They are rid of the Christian God and now believe all the more firmly that they must cling to Christian morality. That is an English consistency; we do not wish to hold it against little moralistic females à la Eliot. In England one must rehabilitate oneself after every little emancipation from theology by showing in a veritably awe-inspiring manner what a moral fanatic one is. That is the penance they pay there.
>
> We others hold otherwise. When one gives up the Christian faith, one pulls the right to Christian morality from under one's feet. This morality is by no means self-evident: this point has to be exhibited again and again, despite the English flatheads. Christianity is a system, a *whole* view of things thought out together. By breaking one main concept out of it, the faith in God, one breaks the whole: nothing necessary remains in one's hands. Christianity presupposes that man does not know, cannot know, what is good for him, what evil: he believes in God, who alone knows it. Christianity is a command; its origin is transcendent; it is beyond all criticism, all right to criticism; it has truth only if God is the truth – it stands and falls with faith in God.
>
> When the English actually believe that they know 'intuitively' what is good and evil, when they therefore suppose that they no longer require Christianity as the guarantee of morality, we merely witness the *effects* of the dominion of the Christian value-judgement and an expression of the strength and depth of this dominion: such that the origin of English morality has been forgotten, such that the very conditional character of

> its right to existence is no longer felt. For the English, morality is not yet a problem.
>
> (*TI*, 'Skirmishes of an Untimely Man', 5)

Substitute for 'the English' 'the West' and this whole section seems to me unanswerable. Yet apparently almost the only people to agree with it are Christians, understandably insistent on their faith being seen as a 'system' (in some sense of the word). The most striking endorsement of Nietzsche's argument here, the more impressive for having been written in apparent ignorance of it, is G. E. M. Anscombe's famous (among philosophers) paper 'Modern Moral Philosophy' (Thomson and Dworkin, 1968). Writing as a traditional Roman Catholic, she says:

> the concepts of obligation, and duty – moral obligation and moral duty, that is to say – and of what is morally right and wrong, and of the moral sense of 'ought,' ought to be jettisoned if this is psychologically possible; because they are survivals, or derivatives from survivals, from an earlier conception of ethics which no longer generally survives, and are only harmful without it.
>
> (Thomson and Dworkin, 1968: 186)

Needless to say, her proposal has not proved to be 'psychologically possible', as she no doubt realized when she wrote those words. And for the same reason that Nietzsche's claims have also been viewed as 'impossible', which is that we have no idea what to replace these terms that 'ought to be jettisoned' with.

As one goes on reading Anscombe's article, one is amazed again and again by the Nietzschean tone of this unwitting disciple. For example:

> To have a *law* conception of ethics is to hold that what is needed . . . is required by divine law . . . Naturally it is not possible to have such a conception unless you believe in God as a law-giver; like Jews, Stoics, and Christians . . . It is as if the notion 'criminal' were to remain when

criminal law and criminal courts had been abolished and forgotten.

(Thomson and Dworkin, 1968: 192–3)

Exactly so, and yet that, to Nietzsche's and Anscombe's dismay and contempt, is just how we do contrive to carry on, for the most part untroubled by the conceptual chaos involved, and hardly concealed.

Nietzsche, naturally, has a fundamentally different attitude to what this signifies in the long run, about man throughout history. In *Beyond Good and Evil*, written in 1885, he puts it in the widest context:

> The strange narrowness of human evolution, its hesitations, its delays, its frequent retrogressions and rotations, are due to the fact that the herd instinct of obedience has been inherited best and at the expense of the art of commanding. If we think of this instinct taken to its ultimate extravagance there would be no commanders or independent men at all; or, if they existed, they would suffer from a bad conscience and in order to be able to command would have to practise a deceit upon themselves: the deceit, that is, that they too were only obeying. This state of affairs actually exists in Europe today: I call it the moral hypocrisy of the commanders. They know of no way of defending themselves against their bad conscience other than to pose as executors of more ancient or higher commands (commands of ancestors, of the constitution, of justice, of the law or even of God), or even to borrow herd maxims from the herd's way of thinking and appear as 'the first servant of the people' for example, or as 'instruments of the common good'. On the other hand, the herd-man in Europe today makes himself out to be the only permissible kind of man and glorifies the qualities through which he is tame, peaceable and useful to the herd as the real human virtues: namely public spirit, benevolence, consideration, industriousness, moderation, modesty, forbearance, pity. In those cases, however, in which leaders and bell-wethers are thought to be indispensable, there is attempt after attempt

to substitute for them an adding-together of clever herd-men: this, for example, is the origin of all parliamentary constitutions. All this notwithstanding, what a blessing, what a release from a burden becoming intolerable, the appearance of an unconditional commander is for this herd-animal European, the effect produced by the appearance of Napoleon is the latest great witness – the history of the effect of Napoleon is almost the history of the higher happiness this entire century has attained in its most valuable men and moments.

(*BGE* 199)

This passage of Nietzsche at his most characteristic is likely to evoke mixed reactions. It moves between the highly persuasive, couched in his eloquent rhetorical-argumentative style, and the employment of terms which shock, still, as much as he must have intended that they should, even while they are bound to make most readers recoil from what he is saying. This use of the term 'herd-animal', and its cognates, is upsetting, as is the list of qualities which the 'herd-man' approves, for we approve them too: public-spiritedness, industriousness, modesty, and so on. And we approve them because we are herd-men, and are not at all convinced that we could become anything else, or whether if we could we would want to. And yet we have been made uneasy, since the whole issue of obedience has been raised, and while we are only too pleased to obey what we believe to be right, the question is why we have this belief, when we have abolished the commander – those of us who have. Of course, the fact that our moral convictions derive in the first place from the decrees of a god does not mean that, if the god is non-existent, the convictions are wrong. That is 'the fallacy of origins', a well-known and discredited device for discrediting beliefs. But on the other hand it would be foolish not to agree that if we have abandoned the original validating belief, we need something new in its place. For it is all too easy to be like 'the English' and think we know 'intuitively' what is right and wrong – it would be remarkable if we did, since we have no other substantial intuitive knowledge.

At this stage I don't want to look further into Nietzsche's specific views about the content of morality, except in so far as they are inseparable from his claims about the whole institution.

What he begins in *D* he carries on with tremendous panache in his next book, *The Gay Science*. It is here that he is more obviously preparing the ground for his breakthrough in values, which gets full-dress treatment in *Thus Spoke Zarathustra*. *GS* is his most refreshing book, in that he has the confidence in it to advance beyond the innumerable suggestions of his two previous books, while not yet bearing the prophetic weight that the authorship of *TSZ* put on him. And though the highly effective sniping of his so-called 'positivistic' period continues, one feels a more comprehensive grasp of what he is moving towards. The depth of the plight of post-Christian man is the most conspicuous feature of *GS*, which has, at section 125, the most famous of his announcements, that God is dead.

The section is entitled 'The Madman'. He is considered mad by all those in the market-place who hear him, because they have not the least idea what he is talking about. How could one kill God? It is the expression of Nietzsche's greatest anguish, since he sees as no one else does the consequences of God's death, sees what the long-term effect will be and is appalled at the thought of how people will behave once they have grasped the significance of God's no longer being the linchpin of their world. It does not matter – this is Nietzsche's gist – whether God existed or not. What makes the difference is whether we believe that He does. And over the course of centuries belief in God has eroded without people noticing what was happening. Its deepest consequence will be for values, because, as Nietzsche expresses it in an unpublished note: 'He who does not find greatness in God finds it nowhere. He must either deny it or create it.' And if we have the burden of creating greatness, then most of us, maybe all, will buckle under the weight. And without greatness life has no point, even if the greatness is beyond our reach. We shall explore later the dialectic by which Nietzsche traces God's demise to the inherently contradictory tendencies within Christianity itself. For the moment the important thing is that their result has occurred, that most people do not realize what it means, and that when they do they will no longer find life worth living.

Nietzsche's attitude to Christianity, like his attitude to most of the things he cared about, was divided at the deepest level. His contempt for the morality it inculcated has been sketched above, and it hardened as the years passed. But though he loathed the smallness of man that is part of Christian doctrine, and the set of virtues which are part of that, he was acutely aware of the achievements that only a Christian culture could have been responsible for. There will never be a Chartres built to celebrate humanist values, nor a Mass in B minor to affirm belief in them. So it looks as if the post-Christian era is most likely to be characterized by men who are smaller than the little Christians they have supplanted. Morality may be terrible, but what is it sensible to imagine replacing it?

Chapter 5
The One Thing Needful

The first four books of *GS* form a rising trajectory of brilliance and penetration. Book IV begins with a New Year's resolution which went the way that they nearly always do, but still marks the beginning of the surge of affirmation that led Nietzsche to *Thus Spoke Zarathustra*.

> I want to learn more and more to see as beautiful what is necessary in things; then I shall be one of those who make things beautiful. *Amor fati* (Love of fate): let that be my love henceforth! I do not want to wage war against what is ugly. I do not want to accuse; I do not want to accuse even those who accuse. *Looking away* shall be my only negation. And all in all and on the whole: some day I wish to be only a Yes-sayer
>
> (*GS* 276)

This passage of intense feeling is carried on in a way that can make one drunk, and it is perhaps unfair to look at it closely. That Nietzsche, our arch-diagnostician, could never look away, and that we would have lost much of his most valuable writing if he had, does something to mitigate the accusation that he never became only a Yes-sayer, and the fact that three of his last five books are attacks, two on Wagner and one on Christ, the only affirmative one being about himself.

For the time being, at least, his mood continues in this exalted way. Then, at section 290, we reach a point where he for the first time makes some clear suggestions as to the kind of people he hopes will replace the small men of late and post-Christianity:

> *One thing is needful.* – To 'give style' to one's character – a great and rare art! It is practised by those who survey all the strengths and weaknesses of their nature and then fit them into an artistic plan until every one of them appears as art and reason and even weaknesses delight the eye. Here a large mass of second nature has been added; there a piece of original nature has been removed – both times through long practice and daily work at it. Here the ugly that could not be removed is concealed; there it has been reinterpreted and made sublime. Much that is vague and resisted shaping has been saved and exploited for distant views; it is meant to beckon towards the far and immeasurable. In the end, when the work is finished, it becomes evident how the constraint of a single taste governed and formed everything large and small. Whether this taste was good or bad is less important than one might suppose, if only it was a single taste!
>
> (*GS* 290)

That is not the whole section, but it is enough to be going on with.

The idea that we might become 'artists of life' had been mooted in *BT*, but in a context so different as to make the idea of a continuity specious. What Nietzsche is starting on the road to advocating in *GS* is an extreme individualism, within a framework that does not lead to a scarcely intelligible atomism. But as soon as we are impressed by his vision, we start to wonder too. For the analogy with art, or the art of landscape gardening, which is adumbrated here is clearly one that cannot be worked through straightforwardly. One only lives once (I shall be dealing later with the Eternal Recurrence, which is anyway not going to help here: mistakes made this time round have been, and will be, repeated infinitely). But the artist, with rare exceptions, can tinker with his works indefinitely until he feels that he has got things as right as he ever will. What Nietzsche is proposing is that we carry out a scrupulous survey of our character, assessing it, though we are not told at this stage by what criteria – what are to count as strengths and weaknesses – and give it that unity which is what is called having style. Fitting the elements of our make-up into 'an artistic plan' does rather give the impression that we are less subject to outside contingencies than anyone but a hermit is bound to be.

Despite these preliminary doubts, there is something enticing about Nietzsche's suggestion. It inaugurates his new form of Classicism, where 'it will be the strongest and most domineering natures that enjoy their finest gaiety in such constraint and perfection under a law of their own', as opposed to 'the weak characters without power over themselves that hate the constraint of style' (i.e. Romantics). And although Nietzsche makes a lot of the idea of individual style, it is evident that he is appealing to a notion of style which exists apart from the individual; if there were not some external criteria then anyone would have style as long as he was distinguishable from other people. The mere use of the concept of style is enough to make us think of given frameworks within which people work, achieving individuality thanks to the support which the framework offers. An obvious case is the Classical Style in music, as manifest from Haydn through Mozart and Beethoven, petering out at some indeterminate point. The constraints of that style were rigorous, but one cannot imagine any one of those three composers thriving without it. They were able to be themselves because so much was already given. It is in the tension between the style which was available to anyone at the time, and which we can see working perfectly satisfactorily without producing works of genius in the hands of, say, Hummel, who owes it entirely to the style available to him that he can be worthwhile at all, and the strongly defined individualities of its great masters that we locate its supreme achievements.

But, the whole drift of Nietzsche's analysis of culture runs, that was then, and now is quite different. There is no longer a common style with which to work in creative tension, so we have to find our own. Clearly in such circumstances the very notion of style is severely strained. The fact that he says that 'Whether this taste was good or bad is less important than one might suppose, if only it was a single taste!' implies that the criteria he is employing here are not only aesthetic but also formal. The nature of the elements takes second place to their configuration. That may make us wonder, again, about whether it matters what the elements are at all, and surely Nietzsche thought that it did. At the end of the section he writes: 'For one thing is needful: that a human being should attain satisfaction with himself, whether it be by means of this or that poetry or art; only then is a human being at all tolerable to behold'. But attaining satisfaction with oneself can at best be a necessary condition. There are plenty of people who have attained satisfaction with themselves who are intolerable to behold, and for that very reason.

Such passages as this do raise the question of how far one should press Nietzsche. For all his own tendencies to extremes and exaggerations of expression, he somehow manages to exercise tact, by not pressing in inappropriate places. But the opposite danger is that we call him 'stimulating', which means that we do not take seriously what he says. In this particular case, some tactlessness may be worth risking, because it does contain in embryo thoughts that will be central to his work, but they will be so much more portentous than he is here that it may be better to see him in his human rather than his superhuman dimensions.

So, while leaving open the matter of whether he is giving the man of style *carte blanche* on the issue of the elements of his character, we can agree that one of the things about a person which leads us to say that he has style is his capacity to carry things off, to incorporate disparate and what for most people would be embarrassing or humiliating experiences and make them part of a larger scheme. There is a moving, funny, and memorable moment at the end of Jean Renoir's film *La*

Règle du jeu in which, after a shocking shooting incident in which a flying ace is killed during a country-house holiday, the host speaks to the stunned assembled guests with such exquisite taste and carefully chosen words that one of the guests says to another 'He called it an accident. A new definition!' But he receives a rebuke: 'He has style, and that's a rare thing these days'. Quite so. The elegant speech has preserved decorum, kept what is evidently a precarious civilized façade in place, and sent the guests to bed in elegiac rather than recriminatory or inchoate mood. There is strength in such capacity for what may seem like euphemism, the strength to cope with what are, for any complex person, experiences which could lead to disintegration or at the very least self-loathing.

Nietzsche is candid about what is involved. A few sections later he asks

> How can we make things beautiful, attractive and desirable for us when they are not? And I rather think that in themselves they never are . . . Moving away from things until there is a good deal that one no longer sees . . . all this we should learn from artists while being wiser than they are in other matters. For with them this subtle power usually comes to an end where art ends and life begins; but we want to be the poets of our life – first of all in the smallest, most everyday matters.
>
> (*GS* 299)

In other, less tactful and tasteful, words: do not be too scrupulous with yourself about getting things right, that is, true. It is more important that you should make them tolerable at least, beautiful at best.

I suspect that what Nietzsche has in mind is something more instinctive than what he gives the impression of recommending – inevitably, since he has to spell out what he would like us already to know and act on. It is a dilemma he finds himself in over and over again – should he content himself with dropping hints, or should he say what he thinks it is necessary for us to know in skywriting? He wants us to be the kind of people who only need hints because we are so fine-tuned, but he knows that we will be deaf to anything less than apocalyptic thunder – and then accuse him of making too much noise. At the stage of *GS* he still tries allusive, tantalizing formulas, leaving us to make the connections between them. The weariness that Zarathustra will often suffer, as he realizes that he is always going to be misunderstood, has not yet begun to afflict him. And he is not sure, either, whether one can only educate people in taste if they are merely ignorant, or if it is possible to re-educate those whose taste is already formed, and corrupt. *GS* is, fundamentally, the book of an optimist – the last that Nietzsche could conscientiously write.

At any rate, this is the relatively relaxed side of Nietzsche, as opposed to what J. P. Stern has justly called 'the moralist of strenuousness'. For if any hint of effort appears in someone's character – if it seems that they are willing their charm, warmth, serenity, at-homeness with themselves – then that is a crucial failure of style. Yet in our hideous freedom from the welcome constraints of tradition, and given the correspondingly large number of ways of living that *seem* to be open to us, far too many of which actually are, we are unlikely to be able to organize 'the chaos within us' without some visible signs of strain. Even Goethe, who comes increasingly to represent Nietzsche's ideal of self-organization, was unable to conceal the effort it cost. He was, of course, a limiting case of unity imposed on diversity, a diversity of interests and impulses that would leave most of us paralysed.

Nietzsche's claim that giving one's character style is 'the one thing needful' (a phrase which is probably intended to parody Wagner, whose chief figures are typically preoccupied with an overriding need) has an unexpected bearing on his critique of pity, one of the most notorious of his insistences, and one of the most consistently maintained. In one of his incredibly brilliant pieces of prose, unfortunately too long to quote in full, he considers 'the will to suffer and those who feel pity'. He asks whether it is good for either the pitier or his object to be in that relationship, and shows in the sensitive discussion that follows that his aversion to pity is nothing to do, at any rate in the way normally taken, with being heartless or ruthless or unfeeling. So far as the pitied person is concerned, he points out that the economy of his soul-states is a delicate affair, that those who notice that he is in distress and therefore hurry to help 'assume the role of fate', and that it never occurs to them that the sufferer may need his anguish, which is intertwined with his joy; 'No, the "religion of pity" (or "the heart") commands them to help, and they believe that they have helped most when they have helped most quickly' (*GS* 338).

It is clear that Nietzsche is not talking about giving a starving person food and drink, or administering anaesthetics to someone about to undergo an operation. His attack is concerned with pity as a full-time occupation of sorting out people's lives, with a noble neglect, as we are taught, of one's own interests. So it is merely vulgar (and very common indeed) to misinterpret him as advocating neglect of others' basic requirements, as his immediately following discussion of the effects of pity on the pitier makes plain. 'I know, there are a hundred decent and praiseworthy ways of losing my own way, and they are truly highly "moral"! Indeed, those who now preach the morality of pity even take the view that this and only this is moral – to lose one's own way in order to come to the assistance of a neighbour' (*GS* 338). And he continues eloquently to stress how hard, often how lonely and remote from gratitude and warmth the pursuit of one's own way is. He concludes, tellingly, with 'my morality which says to me: Live in seclusion so that you can live for yourself.'

Many people will feel that a morality which insists on their following their own way is one which they simply cannot follow, for the obvious reason that they do not have 'a way' – they have competences, needs, anxieties, and problems, but nothing that for them is an individuating goal. In suggesting that each person becomes the artist of his own life, Nietzsche is probably operating with the rather exigent view we now have, or had until very recently, of what constitutes a work of art, originality ranking high among its desirable, or even its necessary, qualities. And that seems just absurd as a wish about human beings, let alone an injunction; it presupposes that most people have it in them to be unique in a fairly strong sense, an assumption that, if he held it, Nietzsche should certainly have given prominence to.

In fact he is thinking of, at the lowest, those people who can read him with understanding – not that he says that, so far as I am aware; but if one could not do that, the chances of summoning up the kinds of energies required for following 'one's own way' would be nugatory. That already limits the number of people he is talking about to a tiny proportion of the population. What about the rest? How can he condemn herd-men when they have no capacity for being anything else? But he does not condemn them; he is simply not interested in them. That raises the whole issue of his politics, or lack of them, which gives rise to more canting among commentators than any other single feature of his thought. I shall deal with it later. But what about people who can read him with understanding but still feel that there is no special way that is theirs? Is it Nietzsche's view that they are deluding themselves in order to have an easy time of it, or that they may be right? If the first, he seems to be holding a rather surprising, for him, estimate of the possibilities of people. If the second, then what he says about giving one's life style is irrelevant, and one may wonder what they are supposed to do with themselves – those gifted, intelligent, cultivated, sensitive, receptive people who have no inclination to develop a high profile, because despite their gifts they are essentially passive. Or is no one essentially passive? More questions for later in the agenda.

One other outstanding question needs to be looked at before we leave the matter of style, endlessly discussable as it is. One of the finest of Nietzsche's commentators, Alexander Nehamas, has raised it (Nehamas, 1985) and failed to come up with a remotely satisfactory answer. It is this: Can someone who has, by standards that one can imagine few rejecting, certainly not Nietzsche, a wholly deplorable character still pass his tests for having style? If Nietzsche's criteria were purely formal, that is, all the bits fit together and it does not matter what they are individually, then the appalling answer would seem to be yes. Nehamas writes 'I think that there is something admirable in the very fact of having character or style' (Nehamas, 1985: 192). What about Goering? His style is undeniable and unmistakable, but one hopes he has few admirers. Nehamas:

> It is not clear to me whether a consistently and irredeemably vicious person does actually have a character; the sort of agent Aristotle describes as 'bestial' probably does not. In some way there is something inherently praiseworthy in having character or style that prevents extreme cases of vice from being praised even in Nietzsche's formal sense.
>
> (Nehamas, 1985: 193)

This is embarrassing: the only way Nehamas could push through his claim would be by blatant linguistic stipulation, which is what this passage comes to.

It is not necessary to wriggle like this on Nietzsche's behalf. As I said, what he proposes in *GS* is to be taken as preliminary moves towards a goal of which he was not yet at all confident. He is bracing himself for his *chef d'œuvre*, and the last two sections of Book IV, the end of the first edition of *GS*, are pregnant with the book on which he staked his fame. The penultimate section, 'The greatest weight', introduces the notion of the Eternal Recurrence, as an idea too horrifying for any but the strongest to bear. But those who are the strongest will exult in it. Then the final section, 'Incipit tragoedia', is almost word for word the same as the opening of *Thus Spoke Zarathustra*, a trailer for that work, and unintelligible except in that capacity. It is, one must concede, Nietzsche's least subtle effort to give his life's work a unity.

Chapter 6
Prophecy

For a long time Nietzsche's most famous book was *Thus Spoke Zarathustra*. It is not, I think, any longer, and on the whole that is a development I applaud. Written in short bursts of inspiration, it shows all too clearly the worst signs of that state, though it also contains some of his best writing. What Nietzsche was trying to do in it was to establish himself as a philosopher-poet, and for that purpose he employed a set of idioms that reveal dismayingly what his idea of poetry was. He uses a great deal of imagery and allegory, but he does that elsewhere too, and to much better effect. One's initial impression is of pastiche: most obviously biblical pastiche, ranging from straightforward echoes of the Bible to parody – the range of moods is easily overlooked by the reader somewhat numbed by the reiteration of 'Thus spoke Zarathustra' at the end of each section. There are poems, some of which have become famous, and have been employed by many composers, of whom the most successful have been Mahler and Delius. One can see why the poems should have had the appeal they did for those two composers in particular, men of extraordinarily strong will-power who spent much of their time evoking the earth in its fullness and beauty, enduring, in contrast with the poignant brevity of human life. But their success betrays an element in Nietzsche–Zarathustra which he was at pains to disown: nostalgia.

The most genuine tone of *TSZ*, which surfaces in surprising places, is one of regret. The least convincing tone is of exaltation and affirmation, the qualities that Zarathustra is at such pains to inculcate, since they are necessary to prepare the ground for the arrival of the *Übermensch*, whose prophet Zarathustra is. But he is a prophet who is intent on not having disciples, a desire which he is keen to stress, since it singles him out from all other prophets. But one might ask whether someone who speaks the truth should not want disciples, as many as possible. The answer would seem to be that Zarathustra is not at all sure of the truth which impels him to leave his mountain and to 'go down' or 'go under' – a carefully calculated ambiguity on Nietzsche's part. The magician in Part IV gives voice to the melancholy that is Zarathustra's constant companion, when he sings '*That I be banished from all truth, Only fool! Only poet!*' Again, in the last section of Part I, 'On the gift-giving virtue', Zarathustra speaks to his disciples in words that Nietzsche was so proud of that he quotes them at the end of the Foreword to *Ecce Homo*:

> Truly, I counsel you: go away from me and resist Zarathustra! And even better: be ashamed of him! Perhaps he deceived you . . . One repays a teacher badly if one always wants to remain nothing but a pupil. And why do you not want to pluck at my wreath? . . . you say you believe in Zarathustra? But what matters Zarathustra? You are my believers – but what matter all believers? You had not yet sought yourselves: and you found me. Thus do all believers; therefore all faith amounts to little.

It is a powerful passage, but for all its ponderable wisdom it is strange coming from a prophet. For prophets do not argue, they announce. And so by what methods are the disciples to discover what is true and what false in Zarathustra's teaching? The refusal to accept homage that is not justified by independent checks on the truth is admirable, and clearly meant as part of Nietzsche's running battle with Christ. But it leaves us in the dark as to how to cope with Zarathustra's teaching, for decadent as we are, we are not in the best position to criticize.

The trouble with a self-doubting prophet, one who advises caution as to anything he says, is bad enough: we are in the presence of an incarnate oxymoron. But the dangers of being a poet, to which Zarathustra is not the first to alert us, only compound the problem of how to deal with a philosopher-artist, who seems more than incrementally suspect. All we can do, under these inauspicious conditions, is to try to share Zarathustra's visions, and see to what extent they command our imaginations, always remembering that those are corrupt. But then if it turns out that the vision itself is vague and opaque, we shall have to do what in the end I am convinced is the only thing that one really can do with the book, which is to savour it in a picaresque way.

There are enough wonderful things, despite all the caveats I have depressingly entered, to make reading it a memorable experience. It begins impressively, with Zarathustra's descent from his mountain, and what one might call his Sermon off the Mount is written with genuine inspiration. But Zarathustra soon gets on to his central theme: 'Behold, I teach you the *Übermensch*. The *Übermensch is* the meaning of the earth. Let your will say: the *Übermensch* shall be the meaning of the earth! I beseech you, my brothers, *remain faithful to the earth*, and do not believe those who speak to you of otherworldly hopes!' (*TSZ* I, Prologue, 3). That introduces the first of Zarathustra's three major concepts. And his injunction to be faithful to the earth is one of Nietzsche's great recurring themes, and one with which I feel the greatest sympathy. But what we now wait for is some illumination about how the *Übermensch* is the meaning of the earth, what steps might be taken to bring about his arrival, and what he will be like when he appears. Unfortunately we get very little information about any of these matters. There are crude misunderstandings which can be quickly cleared up, such as that the *Übermensch* would be an evolutionary phenomenon. There is no reason to think that he will not be human in form, but that is minimally enlightening. He seems to be defined in large part in terms of the second of Zarathustra's announcements, that of the Eternal Recurrence. The *übermensch is* the being who can joyfully embrace that doctrine, for doctrine, or dogma, is what it is. And the third of Zarathustra's teachings is the Will to Power, the fundamental reality of existence. Once more, the *Übermensch* manifests it in its purest, most impressive way: as self-overcoming, whatever that comes to.

One of the things it comes to is made clear during the course of Zarathustra's progress. Zarathustra, it may be worth pointing out, is the herald of the *Übermensch* but is not himself one. Yet they share many characteristics, and it seems often that the best handle we can get on the *Übermensch is* that he is a heightened version of Zarathustra.

When, for instance, in Part IV, the soothsayer tells Zarathustra what his final sin is, it turns out to be pity for man. The *Übermensch*, one takes it, would realize without being tempted that this is the ultimate seduction. He would be able to accept that man suffers, but it would not make him suffer – and to what point, if he did? We have been so infused with suffering, and with the view that it is the most ineradicable element in existence, as indeed for us it is, that we take it that in some way it is the deepest state there is. Because joy is always ephemeral, we regard it as superficial too – or that is the temptation. The only joy we have heard about that is eternal is the joy of the next world, which we have no grasp of. For understandable biological reasons, we regard joy, or pleasure, as the terminus of a process and thus as displaced as soon as the next process, or the next stage of the same process, begins. To that extent we are all modified Schopenhauerians, Schopenhauer having taken the more extreme line that pleasure is *nothing* more than the temporary cessation of pain. By this stage in his career, Nietzsche was wholly opposed to Schopenhauer, who is, along with his former idol Wagner, one of the gallery of more or less ludicrous figures thinly disguised in *TSZ*. It is Zarathustra's teaching – and does he want his disciples to disagree? – that joy is deeper than suffering, as we learn in the chapter in Part IV called 'The Drunken Song' (that, at any rate, is how it appears in the English translations; the German in the new Critical Edition is '*Das Nachtwandlers-Lied*' – 'The Sleep-walker's Song'):

> The world is deep,
> Deeper than day had been aware. Deep is its woe;
> Joy – deeper yet than agony:
> Woe implores: Go!
> But all joy wills eternity –
> Wills deep, wills deep eternity.

It is not, even in German, distinguished poetry. But its basic sentiment is moving, and has, for Zarathustra, the closest connection with the Eternal Recurrence. Earlier in the same section Zarathustra had made that clear:

> Have you ever said Yes to a single joy? O my friends, then you said Yes too to *all* woe. All things are entangled, ensnared, enamoured; if ever you wanted one thing twice, if ever you said, 'You please me, happiness! Abide, moment!' then you wanted *all* back. All anew, all eternally, all entangled, ensnared, enamoured – oh, then you *loved* the world. Eternal ones, love it eternally and evermore; and to woe too, you say: go, but return! For *all joy wills eternity*.

This is Nietzsche's lyrical, not to say gushing, version of his elsewhere more austerely expressed view that saying Yes to anything is saying Yes to everything, since the causal network is such that any state depends on the rest of Nature being in the condition it is. That is, at least initially, the view of the Eternal Recurrence that he promulgates. The *Übermensch is* the being who is prepared to say Yes to whatever comes along, because joy and sorrow are, as always for Nietzsche, from the Primal Oneness of *BT* onwards, inseparable. So despite the horror of existence up to now, he is prepared to affirm it all. That, at any rate, is how I understand it, and him.

But that is only the beginning of an account of *übermenschlichkeit*. For having expressed his unconditional acceptance of existence to the point where he wills that everything should be repeated, exactly as it has been, in eternal cycles, there still remains the question of what the *Übermensch* does with his time. Something, presumably, very different from man, who is defined early on as a rope, tied between beast and *Übermensch* – a rope over an abyss' (*TSZ* I, Prologue, 4). He will be as different from us as we are from the beasts. Whatever he does will be done in a mood of affirmation, but what will it be? We know what it will not be – anything small, reactive, resentful. There is a strain of antinomianism in Zarathustra which suggests that if you have the right basic attitude you can do what you like. That comes out clearly in the chapter entitled 'On Chastity', where he says

> Do I counsel you to slay your senses? I counsel the innocence of the senses. Do I counsel you to chastity? Chastity is a virtue in some, but almost a vice in many. They abstain, but the bitch sensuality leers enviously out of everything they do. even to the heights of their virtue and to the cold regions of the spirit this beast follows them with her lack of peace. And how nicely the bitch sensuality knows how to beg for a piece of spirit when denied a piece of meat.

There is a touch of puritanism there, but it is shrewd, especially the last sentence, and in the generally imperative tone of *TSZ* it comes as a relief. But there is a dominant line, apart from tone, which leads in the opposite direction – not one of repressiveness, but a stress on arduousness and hardness, above all with oneself. That is what we would expect, given that Nietzsche's primary concern is with greatness; and comfort, satisfaction, sensual gratification are inimical to greatness. In what way will the *Übermensch* be great? Nietzsche always has at least one eye on artistic achievement, so one might expect stupendous works of art from him, but on that subject *TSZ* is strangely silent. It is, of course, fruitless to meditate on works of art that have not yet been created, as it is not to dwell on scientific achievements still to be realized, since in the latter case we know what it is we want answers to. But in art there are no questions in that sense. Furthermore, the idea of a group of *Übermenschen* all being artists does seem ridiculous. But then what will they be? It is no good speculating further because Nietzsche provides us with no clues on the subject. Indeed, it seems that he was unable to make any progress with it, and although he is as famous for coining the term as for anything else, it does not occur again in his work, except in the self-celebrations of *Ecce Homo*, where he goes on about *TSZ* much longer than about any of his other books, saying 'Here man is overcome at every moment, the concept *Übermensch* here becomes the greatest reality' (*EH*, 'Thus Spoke Zarathustra', 6).

But that is a sad piece of wishful thinking. Nietzsche has succumbed to the besetting temptation of creators of ideals – the ideal is so far removed from the squalidly real that all that can be done is to dwell on the ghastliness of reality and say that the ideal is nothing like that. One is reminded of Swift's portrayal, in *Gulliver's Travels*, of the disgusting Yahoos (us) and the approvable Houyhnhnms, about whom Leavis justly remarked that 'they may have all the reason, but the Yahoos have all the life . . . The clean skin of the Houyhnhnms, in short, is stretched over a void; instincts, emotions and life, which complicate the problem of cleanliness and decency, are left for the Yahoos with the dirt and the indecorum.' There is an uncanny resemblance here to man and *Übermensch*, though perhaps it is not so surprising, given the difficulties that anyone trying to indicate an ideal that transcends and negates humanity is bound to encounter.

Early on in *TSZ* there is an alternative, or maybe it is meant as a complementary account of the progress of what is there called 'the spirit'. It is the first of Zarathustra's Speeches, at which stage he still seems uneasy with figurative language, to judge from the clumsiness of this passage, which induces, as Erich Heller remarks, 'a sense of extreme zoological and spiritual discomfort' (Heller, 1988: 71). The spirit here begins as a camel, that is to say modern man, weighed down by the accumulation of the values it has to bear, a whole oppressive tradition of obligations and the guilt attendant on their inevitable violation. Speeding off into the desert, the camel staggers; but finally revolts and metamorphoses into a lion, with the intention of fighting a dragon. The dragon is named 'Thou shalt' and is thus the creator of the camel's intolerable burden. It claims that 'All value has long been created, and I am all created value.' The lion resists, intent on replacing 'Thou shalt' with 'I will'. But though the lion can fight, all he can create is the freedom for new values; he cannot create the values themselves. He says a sacred 'No', and that is the end of him – he has served the only purpose he can. So far so clear. The last transformation is a surprise: for it is a child.

> Why must the preying lion still become a child? The child is innocence and forgetting, a new beginning, a game, a self-propelled wheel, a first movement, a sacred 'Yes'. For the game of creation, my brothers, a sacred 'Yes' is needed: the spirit now wills his own will, and he who had been lost to the world now conquers his own world.

This must be, among other things, Nietzsche's version of Christ's 'Except ye become as little children, ye shall not enter into the kingdom of heaven' (Matt. 18: 18). And elsewhere Nietzsche uses the phrase 'the innocence of becoming'. At moments of stress in his writing, he sometimes resorts to formulations which are oxymoronic or in the deepest sense sentimental, because he knows that one element in the combination is too deeply embedded in us to be withdrawn, while the other is what would redeem it, despite its manifest incompatibility. Thus as early as *BT* we hear of 'a Socrates who practises music', whereas it is of the essence of the Socrates that Nietzsche has idiosyncratically portrayed that he is anti-musical. And in an unpublished note he writes of 'the Roman Caesar with Christ's soul'.

Are these merely touching attempts to square the circle, or can they be forced to mean something? There are good reasons for saying the former, because Nietzsche was a desperately divided man. He could not help admiring far more about Socrates than he officially should; and as we shall see, *The Antichrist* gets almost out of control as his portrayal of the alleged 'ideal decadent' takes lyrical wings. And, to return to *TSZ*, his general attitude to life is what video libraries call 'highly adult', yet he is entranced by the thought of a child wholly absorbed in play, serious and rapt, innocent but also ignorant. Can he have wanted his *Übermensch* to be like Wagner's Siegfried, brought up with no knowledge of the world – and coming to grief for want of it? It seems unlikely. That phrase 'a new beginning' is dangerous. For it is usually Nietzsche's distinction as a connoisseur of decadence to realize that among our options is not that of wiping the slate clean. We need to have a self to overcome, and that self will be the result of the whole Western tradition, which it will somehow manage to 'aufheben', a word that Nietzsche has no fondness for, because of its virtual Hegelian copyright, and which means simultaneously 'to obliterate', 'to preserve' and 'to lift up'. Isn't that just what the *Übermensch* is called upon to do, or if we drop him, what we, advancing from our present state, must do if we are to be 'redeemed'? The ideal of being a child, or as a child, has, apart from its Christian affiliations, Romantic ones which it is strange to see Nietzsche endorsing. The element which he wants to stress, I am sure, is the unselfconsciousness that young children possess. But for us, or an advance on us, to achieve that now is hardly imaginable.

So we are back with the *Übermensch* as embracing the Eternal Recurrence. And that has proved the most riddling of all Nietzsche's views. Is it meant simply in a 'What if . . . ?' spirit, or as a serious hypothesis about the nature of the cosmos? In the penultimate section of Book IV of *GS* it is certainly the former. But in his notebooks, including especially those that were posthumously edited as *The Will to Power*, he tries giving proofs of it as a general theory, based on the fact that if the number of atoms in the universe is finite, they must reach a configuration that they have been in before, and that will inevitably result in the history of the universe repeating itself. This is one of the least rewarding areas of his speculation, and his failure to publish these experimental thoughts is a cause for rejoicing – or would be if scholars were not intent on scanning them for clues to what he really thought. They are encouraged by his own excitement at the idea, which occurred to him in the Swiss Engadine, 'six thousand feet above man and time' and which he regarded, evidently, as one of those intuitions in which one is convinced that there is something deep and true, though one cannot say precisely what it is.

The cosmological view of the doctrine has not in general been regarded favourably. Yet commentators are so impressed by Niezsche's own enthusiasm for the doctrine, or at any rate its name, that they use their ingenuity to explain what he really meant by it. I can only say here that in trying to render it intelligible and interesting what they produce makes one wonder why Nietzsche should have given it so misleading a nomenclature. Tersely: if by 'Eternal Recurrence' he did not mean Eternal Recurrence, why did he not call it what he did mean?

So we are left with the 'What if . . . ?' approach. My initial reaction was to say that I would not give a damn, thus surprisingly qualifying for *übermenschlich* status, on the verificationist ground that if each cycle is, as it has to be, precisely the same as the previous and successive ones, then we have no knowledge of what happened, and especially not of what we did, last time round, so can neither take steps to avoid the consequences of what was disastrous, nor think with horror or joy of what lies ahead. If the Eternal Recurrence were true, this would be the *n*th time I was writing this book, but that would do nothing to lead me to alter its contents. That would seem to be that. But for many people with whom I have discussed the idea, though they agree that it can make no difference to anything, they are still reluctant to say that it has no effect on how they feel about things. As someone asked me recently: which is worse, a universe in which Auschwitz occurs once, or one in which it occurs infinitely many times? It seems to need, to say the least, an unfeeling person to say that it does not matter. Recurrence, even if it makes, in practical terms, no difference, still invests with a terrible weight what *does* happen.

Kundera, in what has now become a rather famous passage at the beginning of his novel *The Unbearable Lightness of Being*, has this as the core of his brief but pregnant thoughts on the subject:

> Let us therefore agree that the idea of eternal return implies a perspective from which things appear other than as we know them: they appear without the mitigating circumstance of their transitory nature. This mitigating circumstance prevents us from coming to a verdict. For how can we condemn something that is ephemeral, in transit? In the sunset of dissolution, everything is illuminated by the aura of nostalgia, even the guillotine
>
> (Kundera, 1984: 4)

The key, or give-away clause there, is the first one. The reason why people's imaginations are so gripped by the idea is that they take up a perspective outside any one cycle, so that they can visualize it occurring again and again. It may perhaps even be the shift from seeing oneself as locked in the cycle, and viewing the whole thing from a god's-eye point of view, that generates the thrill, and the sense of intolerable weight, or, if one is an arch-yes-sayer, the rapture of return.

I remain a sceptic; it does nothing for me either way, though I can appreciate the inspiration that it has given great artists, such as Yeats in his 'A Dialogue of Self and Soul':

> I am content to live it all again,
> and yet again . . .
> I am content to follow to its source
> Every event in action or in thought;

Measure the lot; forgive myself the lot!
When such as I cast out remorse
So great a sweetness flows into the breast
We must laugh and we must sing,
We are blest by everything,
Everything we look upon is blest.

Those lines, inconceivable if Yeats had not read and been profoundly impressed by Nietzsche, are also a good example of how he can influence people who have only a vague and inaccurate idea of what he is saying – something one sometimes suspects of Nietzsche himself. And they contain much that Nietzsche is most ardent in his advocacy of, most particularly the idea of casting out remorse. But he arrives at that view in his later writings not via Eternal Recurrence, but through penetrating psychological analyses of the effects of remorse and backwards-looking in general.

There is one further line on the Eternal Recurrence which is worth mentioning briefly, because it renders it something of a joke, though by no stretch of the imagination does it count among Nietzsche's best. That is that it is a parody of all doctrines of another world whose relationship to this one – this 'preposterous, pragmatical pig of a world', to quote Yeats again – is one of ontological and axiological superiority. Instead of heaven and hell, or the world of unchanging Platonic forms, it suggests this world made eternal through meaningless repetition. Whereas other-worldly doctrines allege that this world only gains value through being related to another world, the Eternal Recurrence teasingly suggests that this world is deprived of value by a process analogous to that whereby a sentence is repeated until it becomes nothing more than a series of noises. To return to Kundera: weight is attached to incidents by the thought that they happen more than once, whereas 'Einmal ist keinmal' ('Once is nothing', or better: 'Try anything twice'); but weight is one thing, value another. Kundera, in this respect a faithful disciple of

Nietzsche, manages a nimble dialectic between lightness and heaviness, meaning or value and futility. Do we, should we, does it make sense to ask whether we should, value something more on account of its uniqueness or because it is representative, at the limit of an infinite series? The shortest answer is that it depends on what your temperament is. Nietzsche, with his all-too-protean temperament, was inclined to answer 'Both' and also 'Neither'.

The third of Zarathustra's cardinal teachings is that of the Will to Power. It gets its first mention in the chapter in the Part I called 'On the Thousand and One Goals', which recounts how Zarathustra visited many nations, finding that each needed to esteem, but something different from their neighbour. And then:

> A tablet of the good hangs over every people. Behold, it is the tablet of their overcomings; behold, it is the voice of their will to power. Praiseworthy is whatever seems difficult to a people; whatever seems indispensable and difficult is called good; and whatever liberates even out of the deepest need, the rarest, the most difficult – that they call holy.

And later in the same chapter, stressing the connection of power with value: 'To esteem is to create: hear this, you creators! Esteeming itself is of all esteemed things the most estimable treasure. Through esteeming alone is there value: and without esteeming, the nut of existence would be hollow'. But at the end of the chapter he says 'Humanity still has no goal. But tell me, my brothers, if humanity still lacks a goal – is humanity itself not still lacking too?' How the will to power is tied in with valuing is better discussed later. That is still clearer from the other brief mention of the will to power, in the chapter in Part II called 'On Self-Overcoming'. There Zarathustra says 'Indeed, the truth was not hit by him who shot at it with the word of the "will to existence": that will does not exist [a swipe at Schopenhauer] . . .

Only where there is life is there also will: not will to life but – thus I teach you – will to power.'

And that is virtually all that Nietzsche says on the subject in *TSZ*. Once more we find, in other words, that Zarathustra is a prophet more of what his author will be writing later than of anything worked out and seriously discussable. His problem is that he is resolutely opposed to systems and system-builders, as many remarks show. But it is not clear how he can avoid a system if he is to promulgate a new table of values. This dilemma leads him to make the worst of both worlds: he drops tantalizing hints, which lay him open to multiple interpretations and misunderstandings. But though the hints imply a huge submerged richness of thought, we are denied that and told that we must disagree, if we can, with thoughts expressed too fragmentarily for us even to know what to disagree with. That is the harshest estimate of *TSZ*. Much less harsh ones are defensible. But I prefer to move on to his post-Zarathustra works, where his powers are at their height, and he does not have to cope with looking dignified in his prophetic mantle.

Chapter 7
Occupying the High Ground

Thus Spoke Zarathustra was written in the aftermath of the single most devastating experience of Nietzsche's life: his rejection by Lou Salomé, to whom he proposed marriage through his friend Paul Rée, only to discover that they were closer to one another than they were to him. Lou was an immensely gifted woman, who went on to become Rilke's mistress and later one of Freud's most valued disciples; he pays tribute to her in uncharacteristically generous terms for her discoveries in the area of anal eroticism. Nietzsche briefly envisaged a partnership in which he could carry on his work, understood and aided by a woman whom he could regard as an equal. There is a bizarre photograph, taken at his insistence, in which he and Rée are drawing an ox-cart, while Lou stands in it brandishing a whip over them. It provides an unexpected slant – whether or not the connection ever occurred to Nietzsche is immaterial – on that notorious remark in *TSZ*, when an old woman says to Zarathustra 'Are you going to a woman? Do not forget your whip!'

The rejection humiliated Nietzsche to the point of utter despair. Writing to one of his closest friends, Franz Overbeck on Christmas Day 1882, he says:

> This last *morsel of life* was the hardest I have yet had to chew, and it is still possible that I shall *choke* on it. I have suffered from the humiliating

> and tormenting memories of this summer as from a bout of madness – what I indicated in Basle and in my last letter concealed the most essential thing. It involves a tension between opposing passions which I cannot cope with. That is to say, I am exerting every ounce of my self-mastery; but I have lived in solitude too long and fed too long off my 'own fat,' so that I am now being broken, as no other man could be, on the wheel of my own passions . . . Unless I discover the alchemical trick of turning this – muck into gold, I am lost. Here I have the most beautiful chance to prove that for me 'all experiences are useful, all days holy and all people divine'!!!
>
> (Middleton, 1969: 198–9; the passage in inverted commas is from the epigraph to the first edition of *GS*, derived from Emerson.)

It was on that basis that he set about writing *TSZ*, and his agonies doubtless contributed to the exalted mode which sometimes makes the book hard to bear. But given his disappointment and his loneliness, the effort to perform the alchemist's trick is impressively successful. His torments are probably responsible, too, for the equivocal tone of much of *TSZ*, which I paid no attention to in my remarks on it. But Zarathustra is prone to depressions, collapses, coma, and paralysing self-doubt, all of which make identification of him with his author irresistible.

Nietzsche's characterizations of *TSZ* as by far the most important book that mankind has been given so far, etc., indicate that however critically he advised his disciples to take it, self-critique was not in his line, at least then. All the more upsetting that the publication of the first three parts was a non-event in the cultural life of Europe, and that Part IV was brought out privately at Nietzsche's own expense in 1885. It shows how far removed he was from a close understanding of the state of his contemporaries that he should have been in the least surprised. If his previous books had fallen like stones, what could be made of a work which was more innovative in one way, more archaic in another, than anything produced by a 'philosopher' since Plotinus?

What must seem astonishing is that Nietzsche's writing went on unabated, but mostly in the mode established by the books that had preceded *TSZ*. He insisted that everything he wrote after *TSZ* was a commentary on it, but that seems to have been more in the nature of an attempt at self-reassurance than a genuine assessment of their nature or quality. For one thing, the *Übermensch* is never heard of again; the Eternal Recurrence rarely recurs; and the Will to Power simmers away alternately on and under the surface. For another, the progress through the first post-Zarathustra book, *Beyond Good and Evil*, through his masterpiece *The Genealogy of Morals*, to the torrential pamphlets of the last year, has little to do with anything stated or adumbrated in *TSZ*.

It strikes me rather that with the writing of *TSZ* Nietzsche got a great deal out of his system in one go – and fortunately so. However indefensible they may have been, the grotesque and earnest parodies of Nietzsche which constituted the cults I referred to in Chapter 1 all took their inspiration from that book – they could not have taken it from any of the others, where the tones of mockery and tentativeness, which continue right up to the end, amid stridencies and denunciations, foreclose on the possibility of doctrine. All Nietzsche's books demand close attention, but to profit from *TSZ* one needs to be flexible and vigilant in a way that few readers, confronted with the orotundities of the opening pages, are likely to be. Without his prophet, there would have been no chance of Nietzsche's sister Elisabeth clothing him in a white robe for exhibition to tourists, after he had reached a state of advanced insanity, as himself 'the transfigured prophet'. Nor would his friend Peter Gast have been able to say, as Nietzsche's body was lowered into the ground, 'May your name be holy to all future generations!' when Nietzsche had written in the last Chapter of *Ecce Homo* 'I have a terrible fear that I shall one day be pronounced *holy*: one will indeed guess why I bring out this book *beforehand* . . . I do not want to be a saint, rather even a buffoon' (*EH*, 'Why I am a Destiny', 1).

His first book after *TSZ* is given a deliberately misleading title: *Beyond Good and Evil*, whatever may be said by Nietzsche or his commentators, suggests a transvaluation of *all* values, and not just a man preparing to replace those we have with a new set, however drastic. It is this that provides what excuse there is (none, if one reads carefully) for thinking that Nietzsche was intent on eliminating value from the world. There is no value to be discovered in the world, but it is therefore all the more imperative to endow it with value. But how is that to be done? We have, Nietzsche insists, always done it, but up until now that is not what we thought we were doing. And the movement from imagining that we are finding what in fact we are inventing, to a full realization that that is what we are doing, has to be negotiated with the utmost combined lightfootedness and caution if we are not to fall headlong into the abyss of nihilism.

The initial movements of thought in *BGE* are cunningly designed to create the maximum sense of unease about where we stand with respect to what we take to be our fundamental value: truth. If he can make us share some of his doubts about what our will to truth comes to, we are putty in Nietzsche's hands, because there is nothing more basic to which we can appeal. It is a typical move of his, to proceed from truth to the will to truth, to psychologize our relations with the world. He puts it in riddling form, as he acknowledges by saying that it is hard to know who is Oedipus here and who the Sphinx. 'We asked rather about the *value* of this will. Suppose we want truth: *why not rather* untruth? and uncertainty? even ignorance?'

It is not only millennia of attachment to an ingrained set of values that makes this so odd. For the sheer idea of wanting, that is knowing that one wants, untruth, has a zany quality about it. It is perfectly acceptable to say that one wants to remain in ignorance of some matter, or is uninterested in what the truth about it may be. We often do. But to say or claim that one wants the untruth about something smacks of a logical paradox. It is a quite different matter from being inertly complacent about the lack of rigour with which one looks for truth, as almost everyone is on all important issues. And it is also different from wanting to believe what is in fact false, though we do not know that. There is nothing odd in saying 'Many of my beliefs are false', which any sane person would agree to. But there is terminal oddness in saying 'Many of my beliefs are false, including the following: . . . 'and then providing a list. For in saying something is false one is saying that one does not believe it.

I am making a meal of this point because Nietzsche does seem to suggest that we can investigate the question of why we have a will to truth, i.e. to assenting to propositions the truth of which we have, or think we have, ascertained. If he does mean that, he is confused. Suppose that he is not, what does he mean? He keeps on (a characteristic ploy) changing the subject at such a rate that we lose grip, if we are not careful, of what he is investigating. So in Section 2 he moves on to a wide range of issues, the most searching of which is the metaphysician's 'faith in opposite values'. He shrewdly points out that metaphysicians, whom he has been attacking since he stopped being one himself in *BT*, though they tend to claim that they doubt everything possible, do not call in question the possibility of deriving something from its opposite. Since, for example, they deny that selflessness could emerge from selfishness, purity of heart from lust, truth from error, they posit 'the lap of Being, the intransitory, the hidden god, the "thing-in-itself" ', since nothing less imposing will do for the source of our values. In other words, ones which Nietzsche does not use here, but often elsewhere, Plato has called the tune. There is falsity, ugliness, and wickedness ('appetite') in the mundane; so their opposites must originate in the supra-mundane.

By contrast, Nietzsche doubts:

> whether there are any opposites at all, and secondly, whether these popular valuations and opposite values on which the metaphysicians

> put their seal, are not perhaps merely foreground estimates, only provisional perspectives . . . frog perspectives, as it were, to borrow an expression painters use. For all the value that the true, the truthful, the selfless may deserve, it would still be possible that a higher and more fundamental value for life might have to be ascribed to deception, selfishness and lust. It might even be possible that what constitutes the value of these good and revered things is precisely that they are insidiously related, tied to, and involved with the wicked, seemingly opposite things – maybe even one with them in essence. Maybe!
>
> (*BGE* I. 2)

Speculating at this rate is dangerous, and Nietzsche does not let up. Plodding behind, let us notice to what extent he has already changed his focus from the opening section. For now he is scrutinizing not our will to truth, but our will to think that certain kinds of statement are true, those that contrast things we hold in low esteem with things that we value. What he is doing is giving examples, which he hopes we will find unwelcome but will not be able to counter, of how what we take to be the basic value of truth is in fact derivative from other, more instinctive, values. Truth, we take it, certainly if we are philosophers, is a matter for conscious reflection. But, vaulting on to his next point, Nietzsche puts the greater part of the philosopher's activity on the instinctive level, and claims that the conscious thoughts of philosophers are dictated by their inclinations, 'valuations, or more clearly physiological demands for the preservation of a certain kind of life' (*BGE* I. 3). This sounds like bad news; but in yet another piece of intellectual demoralization, Nietzsche goes on

> The falseness of a judgement is not for us necessarily an objection to a judgement; in this respect our new language may sound strangest. The question is to what extent it is life-promoting, life-preserving, species-preserving, perhaps even species-cultivating . . . To recognize untruth as a condition of life – that certainly means resisting accustomed value

> feelings in a dangerous way; and a philosophy that risks this would by that token alone place itself beyond good and evil
>
> (*BGE* I. 4)

Such a philosophy would place itself beyond good and evil by dint of its denial of the grounds that we give for our value judgements. It would also, I think it is part of Nietzsche's intention to intimate, make us into anthropologists of the whole human scene, so that we would be beyond good and evil in the same way that anthropologists of primitive tribes are 'beyond' the concepts of the tribes they study. But this is to place us very high indeed – us new philosophers: *BGE* is subtitled 'Prelude to a Philosophy of the Future'. Anyone who is concerned with so far-reaching an enterprise as Nietzsche since he embarked on his 'Thoughts on the prejudices of morality' in *D* is bound to feel himself taking up a loftier and loftier position as he realizes that everything about morality is prejudice, but that does produce acute problems as to how he is to achieve and then maintain so exalted a perspective. He is in a way in the reverse position from what is known as 'the anthropologist's dilemma'. That is of how to understand a tribe whose concepts one does not share – for understanding is in part a preparedness to apply the same concepts to the same situations; and if one's disagreements are as comprehensive as ours with a tribe that practises witchcraft, based on a set of views about the causal relationship between formulas and rituals performed by some members of the tribe, and the resultant state of some other members, then it looks as if in some way we cannot grasp what is going on – or at least that has been thought by some anthropologists and theorists of the subject.

But Nietzsche, in trying to take up an anthropological stance to his own society, and the central traditions of Western culture, is in a different but perhaps more worrying plight. For he is the first person to insist that there is no such thing as a substantial self, which can view the world with dispassion, uncontaminated by its environment. We are, he is ever more anxious to point out, nothing over and above our drives, our memories, and the other states and dispositions which grammar (and deriving from grammar, philosophy, and theology) leads us to attribute to a subject, which turns out to be mythical. And these mental states are determined by the society in which we grow up, to a point where we are unable to stand apart from ourselves and take a look at what we would be like if we had independence from what constitutes us. So what enables him to achieve a god's-eye view of the human condition, from which he can make judgements beyond good and evil?

He never answers this question directly, though he is certainly aware of it. His solution, in so far as it is meant to be that, lies in what has become in recent years one of his most celebrated views, thanks to its being so congenial to deconstructionists. He does not believe that there are such things as facts without interpretations, though his strongest claim on that score is to be found in his notebooks (printed as section 481 of *WP*). In his published work, his most explicit statement is 'There is *only* a perspective seeing, only a perspective "knowing" and the *more* affects we allow to speak about one thing, the more complete will our "concept" of this thing, our "objectivity" be' (*GM* III 12). So what interprets and what is interpreted are both in a different position from that which a naïve epistemology would attribute to them. We are bound to see things from our point of view, so it is a good idea to take up as many points of view as possible. We shall never get to 'the things themselves', because of us and also because we have no reason to think that, in the sense that traditionally has been given to that phrase, there are such things.

Nietzsche never worked out his own epistemology in detail, nor is there any reason to think that he would have particularly wanted to. As always, his overriding concern is with culture, and he says what he does about perspectives – not nearly enough to make possible an uncontroversial account of his view – in order to stress that our beliefs, specifically about value, are never free from the place we occupy in the world. If one tried to press his perspectivism harder than that, it would seem very dubious. That is no doubt the reason for the plethora of inverted commas sprouting round tricky words in the quotation above from *GM*. But so far as values are concerned, he demonstrates in his own practice how one can take up various attitudes to a particular problem, never arriving at the truth concerning it, because that would be to suppose that in the world of values there are truths – and thus, also, to give that privileged place to truth that he is keen to dispute.

But there does seem to be one criterion, which makes its debut in his first book, and continues to the end of his work, by which all else is finally judged. That is: life. We have seen him saying in *BGE* that the falseness of a judgement is not necessarily an objection to it, the question being to what extent it is life-promoting, life-preserving. And in the same year as he wrote *BGE* he produced many versions of prefaces to some of his previous books, *BT* included, in which again 'life' is taken to be the measure of all things: 'to look at science in the perspective of the artist, but at art in that of life' is what, in 'An Attempt at Self-Criticism' he says was 'the task this audacious book dared to tackle for the first time.' Life as opposed to what? That is not something that Nietzsche ever gives a clear answer to, any more than other distinguished artists and philosophers have. He is certainly not concerned with the *quantity* of life around – if anything, he would prefer there to be much less, and of a superior order. But what is a superior order of life? Well, the *Übermensch*, one imagines. But we have seen that one has to imagine all too much about the *Übermensch*, that blank cheque which Zarathustra issues without any directions about cashing it, for him to be helpful. Power? Certainly that is heavily involved, since life is Will to Power; but not all power is approved by Nietzsche; it could not be, or he would approve of everything. And power and life are, in his philosophy, two terms that inhabit so much the same conceptual region that rather than one illuminating the other, they both seem to stand in need of some independent light.

All the great advocates of life as an ultimate criterion – Christ, Blake, Nietzsche, Schweitzer, D. H. Lawrence, for a few – have been vigorous in their condemnation of an enormous amount of it, on behalf of other, more precious forms or varieties. And in a way one sees what they all mean, though if bacteria could speak they would no doubt have claimed every bit as much right to live as the larger organisms in whose favour Schweitzer was eliminating them. And what the five people I mentioned counted as being 'on the side of life' or 'life-denying' varies in many respects sharply. Yet they do not seem to be saying *nothing* when they speak on behalf of life, vague and often unhelpful for making decisions as they are. Often what Nietzsche means is something close to vitality or even liveliness. That becomes increasingly clear in his judgements on art, where the test is, in the later and last writings, whether it manifests an overabundance on the part of its creator, or whether it is the product of need and deprivation. It is for being an exemplar of the latter that Wagner is condemned, to take the ubiquitous case.

It is at least clear that vitality is a necessary, if not a sufficient, condition for Nietzsche's approving of anything in his later work. A figure such as Goethe (subject to some mythologization by Nietzsche, naturally) is venerated because of the number of diverse impulses he was able to organize and mobilize, in the course of a life of almost unexampled productivity in a wide variety of fields. And yet (to go back for a moment to style) everything he did bears his stamp. But there is, lurking just under the surface of Nietzsche's criterion, a strong and disturbing tension. Henry Staten, whose superb book, already quoted from at length, is organized round this tension, puts a crucial part of it tersely:

> On the one hand, there is an overall economy that includes both health

> and decay, on the other hand, Nietzsche cannot deny himself the satisfaction of sounding the note of strong ascendancy over the forces of decay. And the question of the relation between these forces is also the question of Nietzsche's identity.
>
> (Staten, 1990: 30)

Which is to say that Nietzsche is drawn to overall affirmation, as the Eternal Recurrence shows, if it shows anything. But the movement of affirmation is powerfully countered by a fastidious revulsion from almost everything he encounters, certainly among his contemporaries. This tension is fairly closely parallel to the one regarding life: all of life, or only the noblest, best, strongest kind?

It is amazing that, so far as I can discover, Nietzsche never noticed this rending cleavage in his work, all the more so in that it must reflect crises that he experienced in trying to cope with his horribly painful life. And it can be seen, too, as an extrapolation from Apollo and Dionysus in *BT*. For Apollo presents life in a way that is tolerable, through exclusion of the chthonic depths; while Dionysus ignores nothing, forcing us to face the fundamental terrors of existence. If Nietzsche had not found himself, for many reasons, having to abandon the artist's metaphysics of *BT*, he would have had set up for himself a system which did justice to the conflicting impulses in his make-up, and an account of why he had them.

But it was not long before 'the terrible', that which we are hardly able to bear, came to have a quite different significance for Nietzsche from that portended in *BT*. In that book it is spectacular, a matter usually of suffering, sometimes of joy, on a primal scale. To affirm it is glamorous as well as almost impossible, except to the greatest tragedians. This is where Nietzsche shows most blatantly his immaturity and lack of experience. But when experiences came along, all too many too soon, it turned out that though some of them were appalling in a way that could, with not too much inflation, be seen under the aegis of

Dionysus, the vast majority were of a kind for which no allowance had been made in *BT*, and which left Nietzsche at a loss: they were trivial, small, no more glamorous than suffering from a large number of insect bites. It turned out that what is hardest to face, at least if you are Nietzsche, is the quotidian, that which it would be an insult to the artistic gods to ascribe to either of them. Hence he is unable to fit the nineteenth-century art form *par excellence*, the realistic novel, into any artistic category. There is, of course, also the novel's antipode, instrumental music, flourishing in a way and on a scale unprecedented in Western culture. But music fulfilled its truest role when it was part of tragedy. Now we have a ghastly split between the mundane, apparently unsusceptible to any form of artistic transfiguration, and 'pure' music whose splendour and misery are that it is uncontaminated by 'reality'. The attempt to bring them together has resulted in the charlatanry of Wagner, the most painful, because most deceptive, of contemporary phenomena. No one else even appears on the horizon to unite what should never have been separated. (Nietzsche's last-minute proclamation of the genius of Bizet in *Carmen* is, given the gravity of the situation, bathetic. Nietzsche needed a work in which significance was pervasive, whereas, as Adomo has argued, *Carmen* uncompromisingly refuses meaning to any event.)

Zarathustra says at one point in Part III, when he temporarily returns to his mountain home for refreshment:

> Down there all speech is vain. There, forgetting and passing by are the best wisdom: *that* I have learned now. He who would grasp everything human would have to grapple with everything. But for that my hands are too clean. I do not even want to inhale their breath; alas, that I lived so long among their noises and vile breath!
>
> (*TSZ* III, 'The Return Home')

And he continues with a horrified account of the empty unavoidable chatter he encountered at ground level. That was, I am sure, Nietzsche's usual reaction to his urban surroundings. But to exclude almost the whole of human life was an odd move for the unqualified affirmer. He tries to duck what he glimpsed, it seems, as an inconsistency in his outlook by talking of 'forgetting and looking away', just as at the opening of Book IV of *GS* he had said '*Looking away* shall be my only negation.' But what if what you have to look away from is so ubiquitous that you either have to live in a cell or leave the world behind and ascend to your mountain cave? That shows a despair more crushing than mixing with banality and denouncing it. And when Nietzsche has that thought, or something like it, he resolves instead that one way or another he will affirm everything. There is, after all, something less than impressive in a philosophy of unlimited yes-saying which begins by ruling most things out of bounds. That is recognized by Zarathustra when he says that the biggest objection to the Eternal Recurrence is the thought that the small man will recur. Nietzsche puts it with his own brand of desperate humour in *EH*, where he writes 'I confess that the deepest objection to the Eternal Recurrence, my real idea from the abyss, is always my mother and my sister' (*EH*, 'Why I am so wise', 3; this passage was suppressed by Elisabeth and only published in the 1960s).

There is, too, a further worry about affirming everything. Although Nietzsche was attracted by formulas such as *amor fati* he was also aware of the nearly inevitable tepidity of them. For there is not an easily specifiable difference between affirmation and resignation – or rather, one can say that their modality differs but it is hard to know in practice what that comes to. Is it a matter of beaming versus shrugging? And is that enough? To affirm life in all its richness, which includes on the comprehensive reading in all its poverty, does not, I take it, involve actually doing any particular things; at most it involves taking up an attitude which welcomes whatever it finds. But if what it overwhelmingly finds is smallness, spiritual squalor, it would seem to be required of the affirmer to intervene and raise the tone of the world. That is the gravamen of Adorno's succinctly expressed objection to Nietzsche (Adorno, 1974: 97–8). It is also what is working away beneath the surface of a great deal of Nietzsche himself, nowhere more acutely than in *BGE*. It means that he has to move on once more, propelled by the aporia presented in one book to resolve it in the next – the characteristic movement that drives him from work to work (see Peter Heller, 1966). But though his next book is his most magnificent, it fails, thanks to Nietzsche's intransigent honesty, to lessen the tension, indeed it screws it up even further, leaving the books of the last year, 1888, to oscillate between unexampled anathemas and furious exaltation.

Chapter 8

Masters and Slaves

Nietzsche subtitled *The Genealogy of Morals* 'A polemic', and the next page announces that it is 'A sequel to my last book, *Beyond Good and Evil*, which it is meant to supplement and clarify'. It is in a different form, at least superficially, from his other works, in that it consists of three titled essays, divided into sometimes quite lengthy sections. It has some of the appurtenances of an academic essay, but that is Nietzsche teasing. It is much better regarded as a send-up of academic procedures, though it is, in its content, a work of extreme seriousness. It is easily Nietzsche's most complex text, at least for the first two essays, performing dialectical reversals at a rate that only just prevents the virtuosic from sliding into the chaotic.

It is worth noting that it was after he heard Eduard Hitschmann read excerpts from *GM* in 1908 that Freud said Nietzsche 'had a more penetrating knowledge of himself than any other man who ever lived or was likely to live' (Jones, 1955: ii. 385). Since *GM* is Nietzsche's most sustained and profound attempt to make sense of suffering, and of how other people have tried to make sense of it, it may not be surprising that Freud, who devoted his life in a radically different way to the same enterprise, should have been stirred to this remarkable compliment. The astounding twists and turns of *GM*, occasionally issuing in downright contradiction, are the result of Nietzsche's constant broodings on the variety of methods which people have developed for coping with it. So (to anticipate one of his lines of thought) the ascetic imposes one kind of suffering on himself in order to escape from many other kinds. By itself that is not to be judged. But when, in the Third Essay, 'What is the Meaning of Ascetic Ideals?', he begins to examine the varieties of asceticism practised by artists, philosophers, priests and their flocks, evaluations proliferate and enter into relationships with one another whose complexity suggests that Nietzsche has reached a point of subtlety, often disguised by the crude vigour of its expression, which admits that the phenomena are no longer susceptible of intelligible ordering.

The movement of the book as a whole is from a simplicity of contrasts which, both in its form and content, induces incredulity, to a collapse of categories which hovers around incomprehensibility. The initial postulate of the First Essay, 'Good and Evil', 'Good and Bad', is of 'the noble', those who are entitled to be legislators of value because of their position, 'who felt and established their actions as good, that is, of the first rank, in contradistinction to all the low, low-minded, common and plebeian. It was out of this *feeling of distance* that they first seized the right to create values and to coin names for values: what had they to do with utility!' (*GM* I. 2) It is here that Nietzsche makes fully explicit another force of the phrase 'beyond good and evil'. For they are now said to be the categories of the slaves, who regard their masters as evil, and define 'good' by what is unlike them. By contrast, the original nobles first define themselves, and then call 'bad' whatever lacks their qualities. Clearly Nietzsche thinks that the latter procedure is superior to the former, which is inherently reactive, a product of negation. The trouble with these proto-nobles is that in the simplicity of their approach to life they are boring. Incorrigibly healthy, indifferent to suffering, uninterested in condemnation of those unlike themselves, they are the creators of value without having any of the materials to work on which make evaluations pointful.

In *BGE* Nietzsche had repeatedly stressed the necessity of vigilant evaluation – life depends on it. But how is it to operate simultaneously with the unrestricted affirmation which sometimes seems to be the only positive value, and which the noble once came closest to? This takes us back, as it should, to the aporia of *BGE*. To live without regrets or nostalgia, for instance, sounds in a way wonderful. And yet how can one not regret wasted time, missed opportunities, failure, as well as happiness of a kind that one can never know again? And how can one avoid, in these regrets, going in for a lot of comparison and contrast, the bases of evaluation? In general, some of Zarathustra's most pregnant words seem to settle the matter:

> And you tell me, my friends, that there is no disputing of taste and tasting? But all of life is a dispute over taste and tasting. Taste – that is at the same time weight and scales and weigher; and woe unto all the living that would live without disputes over weight and scales and weighers!
>
> (*TSZ* II, 'On Those Who are Sublime')

So it is clear that the noble, the original 'masters', are not for Nietzsche an unequivocal subject of praise. Equally, the 'slaves', those who resent the masters, are more likely, in their industrious enquiries into the sources of their misery, to emerge with interesting answers. But the answers become too interesting, and any possibility of heroic simplicity is lost. Since there is no question but that it has been lost, irrecoverably, we late men, decadents, must have the courage of our lateness and pursue the argument wherever it leads. To abbreviate Nietzsche's most searching points in a brutal way (it is hopeless to try to summarize *GM*): the slaves found that by being subtler than their masters (no difficult feat) they could exercise their Will to Power in ways that, though despicable from the noble perspective, were effective; even, finally, to the extent of converting the masters to their own values. That was the inevitable progression from the Jews in captivity to Christianity, the greatest moral coup ever perpetrated. Among many other things, that is what is traced in the Second Essay,

'"Guilt", "Bad Conscience", and the Like'. By condemning worldly values such as pride, prosperity, satisfaction with oneself, and replacing them by modesty, humility, and the rest, Christians succeeded in making their rulers as small as they were. But to do that they cultivated values which contained the seeds of Christianity's own destruction. Nietzsche quotes one of the most persuasive passages in Book V of *GS* near the end of *GM*:

> Christian morality itself, the concept of truthfulness taken more and more strictly, the confessional subtlety of the Christian conscience translated and sublimated into the scientific conscience, into intellectual cleanliness at any price. To view nature as if it were a proof of the goodness and providence of a God; to interpret history to the glory of a divine reason, as the perpetual witness to a moral world order and moral intentions . . . – that now seems to belong to the *past*, that has the conscience *against it* . . .
>
> (*GS* 357)

And he continues *GM* with one of his most stupendous passages:

> All great things bring about their own destruction through an act of self-overcoming: thus the law of life will have it, the law of the necessity of 'self-overcoming' in the nature of, life – the lawgiver himself eventually receives the call: Submit to the law you yourself proposed. In this way Christianity as a dogma was destroyed by its own morality; in the same way Christianity as a morality must now perish too; we stand on the threshold of this event.
>
> (*GM* III 27)

And his very last remarks in this book are about the collapse of morality, hijacked by Christianity, as the will to truth gains self-consciousness.

Note: 'all great things' and then an account of Christianity's self-destruction. *GM* is Nietzsche's most balanced book not by virtue of the sobriety of its style – Nietzsche is no longer interested in that – but by its taking contraries to extremes and giving them all their due, so that he presides over a battle, or rather several, in which he delights in arming both sides as powerfully as possible and lending all the assistance he can to getting them to fight it out. That enables him to indulge in the studied unfairmindedness of his last books. *GM* is both a creative retrospective and a point of departure for his next phase, which was to be abruptly cut off.

This retrospective dimension of the book is what gives the Third Essay, 'What is the Meaning of Ascetic Ideals?', its strange structure, seemingly wandering far from the points he has been making earlier. For in it he conducts a survey of what ascetic ideals mean to various groups of people who have always been important to him, in the light of their self-inflicted sufferings. Life is dreadful anyway; so why make it worse by practising asceticism, the voluntary increase in what one would expect people to avoid? Suffering that is merely contingent, visited on us without explanation, is unendurable. But if we inflict it on ourselves we can understand it, and extend our understanding to the whole of life.

Artists are the first to be scrutinized; but that soon comes down to a consideration (not one of Nietzsche's big surprises) of Wagner, and of what Nietzsche took to be his embracing of chastity in his old age. In the course of it Nietzsche says 'one does best to separate an artist from his work, not taking him as seriously as his work . . . The fact is that if he were it, he would not represent, conceive, and express it: a Homer would not have created an Achilles nor a Goethe a Faust if Homer had been an Achilles or Goethe a Faust' (*GM* III. 4). The conclusion is that the artist is conscienceless, adopting any pose that will further his work. He uses experience for the purpose of creation, which may have little to do with 'the truth'. 'What, then, is the meaning of ascetic ideals? In the case of an artist, as we see, nothing whatever!' (*GM* III. 5). Having at the outset of his career said that 'art is the true metaphysical activity of this life' and then abandoned metaphysics, Nietzsche is by now not disposed to think that there are any intimate relations between art and reality. In a late note he writes: 'For a philosopher to say "the good and the beautiful are one" is infamy; if he goes on to add "also the truth", one ought to thrash him. Truth is ugly. We have art lest we *perish of the truth*' (*WP* 822). And yet he always takes art as the paradigm of human activity. So it seems – a further aporia, not addressed – that artists are inherently suspicious characters, while art is a life-preserving evasion of the truth, often presented – certainly by Wagner – as the truth. Any artist who merely tries to produce a report on reality is roundly condemned. Apart from them, the rest 'have at all times been valets of some morality, philosophy or religion' (*GM* III. 5). So as far as understanding ascetic ideals goes, 'let us eliminate the artists' (ibid.).

Nietzsche next turns to philosophers. To be a philosopher is to practise asceticism for one's own benefit. But here asceticism comes to no more than, in the first place, being single-minded and denying oneself various pleasures for the sake of a single-mindedly pursued goal. Whereas the *compulsion* to asceticism is the result of horror at the possibility of enjoyment of life, because one does not deserve it. There is asceticism chosen and asceticism imposed, and they are utterly separate phenomena. Those who practise it at the behest of priests do not do it to achieve any good for which it is a prerequisite, but because the guilt the priests have made them feel drives them to an increase of suffering which they deserve: the hideous cruelty of explaining to them why life is painful by inflicting more pain on them: they are responsible for their own suffering.

Such a bizarre phenomenon clearly both fascinates and appals Nietzsche, just as he is amazed at people's capacity for turning their backs on the whole thing and dwelling in a state of frivolous misery. 'Man is the sick animal', but it seems that all available remedies have been tried and found wanting. Hence Nietzsche's growing impatience, expressed in the telegraphic prose of his last year, and his longing for total revolution. As his own sufferings became more acute, which they did at an alarming rate during 1887 and 1888, he became less tolerant of any view of things that tried in any way to claim a meaning for them; and that is how he conceives morality during this period, as no more than a collection of frequently terrifyingly adroit moves to persuade people that behaving well and prospering are connected. At the close of *GM* he allows himself the hope that 'there can be no doubt that morality will gradually perish'. But he cannot have believed that. For so much of *GM* has been devoted to showing the infinitely resourceful ways in which the priestly, who need not, of course, be actually in the service of the Church, contrive to keep morality going. And as we become smaller – without Christianity there is the possibility of becoming bigger, but the overwhelming probability that we shall cling to our Christian-based morality, claiming that it only needs a few adjustments to bring the heaven on earth of utilitarianism – we will lose even the capacity to recognize greatness, supposing it were any longer possible. Slave-morality has triumphed. We are content to be slaves even when there are no masters. The brilliant last section of *GM* sums it all up without simplifying or making crude:

> Man, the bravest of animals and the one most accustomed to suffering, does *not* repudiate suffering as such; he *desires* it, he even seeks it out, provided he is shown a meaning for it, *a purpose* of suffering. The meaninglessness of suffering, *not* suffering itself, was the curse that lay over mankind so far – *and the ascetic ideal offered man meaning!* It was the only meaning offered so far; any meaning is better than none at all . . . man was *saved* thereby, he possessed a meaning, he was no longer like a leaf in the wind . . . he could now *will* something; no matter at first to what end, why, with what he willed: *the will itself was saved.*
>
> We can no longer conceal from ourselves what is expressed by all that willing which has taken its direction from the ascetic ideal: this hatred

> of the human, and even more of the animal, and more still of the material, this horror of the senses, of reason itself, this fear of happiness and beauty, this longing to get away from all appearance, change, becoming, death, wishing, from longing itself – all this means – let us dare to grasp it – *a will to nothingness*, an aversion to life, a rebellion against the most fundamental presuppositions of life; but it is and remains a *will!* . . . And, to repeat in conclusion what I said at the beginning: man would rather will *nothingness* than *not* will.
>
> (*GM* III. 28)

With those words Nietzsche ends the last truly original book he was to write. It is extraordinary how exhilarating it is, since it contains almost no messages of hope. But diagnosis carried out at this level strikes one – however illusorily – as being halfway to cure.

Chapter 9
Philosophizing with a Hammer

1888, the last year of Nietzsche's sane life, was very productive, but in an increasingly odd way. What was to have been the most important of his books, *The Transvaluation of All Values*, was begun and abandoned, not, one may suspect, for lack of stamina, but because in the end Nietzsche found himself at a loss. The often-used phrases about the return of innocence, the birth of a new consciousness, and so on, must have seemed to him ever more hollow, if he could not incarnate them in artistic form. So he devoted himself to further polemics, written in a style of hard clarity which even he had never attained before. It is quite wrong to claim, as some commentators have, that he cheapened what he had been saying by reducing it to slogans.

These polemics, though, take on again and again an elegiac ring, as he settles accounts with the great figures who had preoccupied him throughout his life. There are two pamphlets on Wagner, the impact of whom, personal as well as artistic, he had never managed to shake off. The first of them, *The Case of Wagner, is* shrewd and hilarious, and its total effect, as its most intelligent commentators, such as Thomas Mann, have pointed out, is of curiously inverted eulogy. Quite a lot of the eulogy is not even inverted. It seems that at the end, when he surveyed his whole range of artistic experience, the work that meant most to him was, as it had been in *BT*, *Tristan und Isolde*. Certainly he never managed anything more eloquent than his account of its effects on him – still. The attack on Wagner as a decadent, portraying in mythic dimensions characters who belong in Flaubert, can all too easily be used for a *tu quoque*: 'Transposed into hugeness, Wagner does not seem to have been interested in any problems except those which now preoccupy the little decadents of Paris. Always five steps from the hospital. All of them entirely modern, entirely *metropolitan* problems. Don't doubt it' (*CW* 9). And Nietzsche? He is surely presiding over proceedings inside the hospital.

The second anti-Wagner polemic, *Nietzsche Contra Wagner*, is a collection of sections from his earlier books, from *HAH* to *BGE*, slightly modified. It is strangely called by Walter Kaufmann 'perhaps Nietzsche's most beautiful book', which is not to say it does not contain beautiful passages, but it is an album rather than an organized work and is anyway only twenty pages long. As much as anything else, it is part of Nietzsche's self-mythologization, in which he represents himself as 'being condemned to Germans', with Wagner providing an apparent contrast with the rest of them, until he too 'suddenly sank down, helpless and broken, before the Christian cross' (*NCW*, 'How I broke away from Wagner', 1). He portrays Wagner as the great antipode to himself, what he might have become if he had not had the strength to realize what dangers were involved in being a fully-fledged Romantic. The density of insight into music, Wagnerian music-drama, the nature of Wagner's genius, is flabbergasting, and the gathering together of these passages adds to their impact. But more than anything it is testimony to the abiding love of Nietzsche for forbidden things.

That could be claimed as even more true of *The Antichrist*, which, in the centre of its strident but effective polemics, gives a portrayal of Christ as the 'great symbolist, [in that] he accepted only *inner* realities as realities, as "truths" – that he understood the rest, everything natural, temporal, spatial, historical, only as signs, as occasions for parables' (*A* 34). This passage, as it continues, reaches heights of ecstatic lyricism which make one wonder how Nietzsche is going to be able to beat a retreat. He contrives it via an attack on Christendom of which Kierkegaard might have been proud, and another on St Paul from which he would have vehemently dissented. But Nietzsche's outrage at what the priests have made of Christ's teachings is glorious in its passion, its expression of his nausea at corruption. And he revealingly says: 'only Christian *practice*, a life such as he *lived* who died on the cross, is Christian. Such a life is still possible today, for certain people even necessary: genuine, original Christianity will be possible at all times' (*A* 39). But not for strong spirits, because it depends on faith. 'Faith makes blessed: consequently it lies' (*A* 50). This is from the inveterately puritan Nietzsche, the man who thinks that 'the greatest suspicion of a "truth" should arise when feelings of pleasure enter the discussion of the question "What is true?"' (*A* 50). One might agree, though Nietzsche seems to be putting into abeyance his questioning of the will to truth. And earlier in the same book, in the middle of a devastating attack on Kant's ethics, he writes 'An action demanded by the instinct of life is proved to be *right* by the pleasure that accompanies it; yet this nihilist [Kant] with his Christian dogmatic entrails considered pleasure an *objection*. What could destroy us more quickly than working, thinking, and feeling without any inner necessity, without any deeply personal choice, without *pleasure* – as an automaton of "duty"?' (*A* 11). Though there is not a straightforward contradiction here, there is that characteristic tension between Nietzsche the man who is determined to face everything and not flinch, and Nietzsche the high-flying hedonist.

The most lively, witty, and altogether exhilarating product of 1888 is *Twilight of the Idols*, the title a parody of Wagner's doom-laden *Twilight of the Gods*. It manifests the freedom of complete mastery, though it was written on the very verge of collapse. And it contains Nietzsche's longest, most ardent paeon to Goethe, who had more and more, as Nietzsche gave up on the *Übermensch*, become the prototype of the 'higher man', a concept which gratefully yields examples; while

Zarathustra was insistent that 'there has never yet been an *Übermensch*'. But though every specimen of higher manhood has some reservations entered about him, at least we are able to grasp what Nietzsche is celebrating. So what Goethe 'wanted was *totality*; he fought the mutual extraneousness of reason, senses, feeling and will (preached with the most abhorrent scholasticism by *Kant*, the antipode of Goethe); he disciplined himself to wholeness, he *created* himself' (*TI* 'Skirmishes of an Untimely Man', 49). Nietzsche awards him the highest of all his honours: 'Such a spirit who has *become free* stands amidst the cosmos with a joyous and trusting fatalism, in the *faith* that only the particular is loathsome, and that all is redeemed in the whole – *he does not negate any more*. Such a faith, however, is the highest of all possible faiths: I have baptized it with the name of *Dionysus*' (ibid.). There are striking departures here – we have never before heard from Nietzsche that 'only the particular is loathsome', and wonder what to make of it. But we have heard a great deal, though to very different effect, about Dionysus, never wholly absent from Nietzsche's pantheon, but now making a major come-back in this last year. As always, he is the god of unlimited affirmation. But the context in which he affirms has changed so that the kind of affirmation required is one with little in common with *BT*.

And this is Nietzsche bravely talking about the joys of heaven from a position in hell – for this last year he says No as never before. One might even say that *his* affirmations are only, and this is his tragedy, the negations of negations. His faith – and it is remarkable to find him talking of faith at all in a positive way – is that it is possible to be someone who does not need to negate first. But he could never be that person, and the more dialectical cartwheels he turns, with wonderful and entrancing dexterity, the further he is removed from that ideal. The only Dionysus we can identify him with is the one torn into innumerable agonized fragments.

Postlude
Nietzsche and Life Insurance

1

I suppose that anyone who spends a lot of time in Nietzsche's company, and treats his writings not simply as 'texts' to be elucidated but as experiments in living, which the reader is invited to participate in, must sometimes have a feeling of revulsion, alternating with the excitement and gratitude one feels for the abundance of his insights and the freshness of his approaches to so many well-worn subjects. I hope the earlier chapters of this book have made clear something of the warmth of my response to Nietzsche, because I now wish to register some of the reactions that he evokes in me when I am in a more sceptical phase. Primarily what I shall be doing is enlarging on some points that I have already hinted at, but which seem to me at the moment to carry more weight than I have sometimes felt, or than I shall no doubt feel again. Since, as we saw, he or his spokesman Zarathustra is intent on having the most disagreeing disciples, I shall oblige by raising some fundamental questions about his procedures and his views, questions which are often elementary but which should not on that account be suppressed. Both the methodological and the substantive questions arise from a sense that, whatever he professes, Nietzsche is a writer who is determined not only not to be trumped but not to be trumpable, so that an earnest student sooner or later comes to feel – as in reading Wittgenstein – that he is constantly being set up as a fall guy.

Nietzsche's most frequently used device for rendering himself invulnerable – the state, I shall be arguing, that he is most attracted to, though I have no doubt that he would deny it furiously – is to claim that he is not being categorical about anything, despite strident appearances to the contrary. He is an explorer and experimenter, intent only on setting an example of how, to use a phrase from *GS* 338, 'to find one's own way', something so hard that the advocates of the religion of pity are always interfering with other people so as to avoid the most arduous issues about their own lives. Since Nietzsche is only interested in those people who are candidates for greatness, he necessarily commits himself to a certain extreme of individualism. This means that one can only be a candidate for greatness if one defines oneself, among other ways, in contrast to other people. So, willy-nilly, one will always be bearing others in mind, which is the price that any individualist, at any rate in a late stage of his culture, will have to pay. It is certainly a price that Nietzsche has to pay, as his tirades against his contemporaries make tirelessly clear. He likes to give an impression of lofty indifference to others; yet he is far too fascinated by the varieties of decadence they manifest not to examine them, none too scrupulously, and to point out that 'we others' are not like that.

What I am arguing is that Nietzsche seems to think that his methodology of tentativeness and non-dogmatism, as well as the all-important claim that 'I am not bigoted enough for a system, and not even for *my* system', involves him in a kind of autonomy of outlook as well as of basis. Yet I see no reason why someone should not think that it is up to him to work out the basis of his ethical views, and conclude that the best thing for him is to model himself on some other person. Unless one holds *a priori* that to be oneself is to be radically different from anyone else, there is no conflict, not even an incipient one, in being an individualist and thinking that the best thing one can do is take some other figure for a role model. The degree of Nietzsche's aestheticization of morality will always be disputable, but one respect in which it does seem harmful is the idea that, just as works of art are now required to be original in some sense stronger than that of being discriminable from others, so persons have a similar ethical requirement made on them. As I pointed out in Chapter 5, the relationship between works of art, at any rate in our culture, is quite different from that between persons. Nietzsche seems to think that a collection of extremely similar people would be as boring and superfluous as one of extremely similar works of art. If you take a kind of god's-eye view of the world, which is something that Nietzsche sometimes affects to do, the result may be that you are wearied by 'mass man'; and if people are nearly all too alike then anyone might get tired of them – and up to a point it may well be the case that people who cultivate a uniformity of outlook are tedious. But one hardly needs to go from that to the extreme of demanding that everyone has the highest possible profile. By definition, greatness is a rare quality. That does not mean that most people should be despised or regarded as eliminable for not possessing or aspiring to it.

One reason that Nietzsche is so strenuous about being a non-converter is that in urging us to become who we are he is not committing himself to any ideal which needs to be explored and defended. Yet the terms in which he praises – terms which he tries to keep purely formal – are ones which enable us to pick out certain individuals because they exhibit the properties which those terms name. 'Self-overcoming', for instance, is quite a 'thick' term: we can say that Goethe overcame himself because we know that without his interests he might easily have been no more than the sum of his parts, and gradually would have lost his impressiveness even in them; instead of which he was an astonishingly impressive whole, which is why Nietzsche is so impressed by him in his later writings, taking him as an exemplar, someone who should be imitated for his inimitability.

So Nietzsche's self-alleged refusal to give us any specific advice other than to become ourselves – and no-one will criticize that for being too specific – should not conceal the fact that he is much more categorical than he portrays himself as being. That he frequently changes the positions about which he seems confident should not make us indulge the claims he makes to being tentative. I suspect that he was constitutionally incapable of 'resting in uncertainties', that he did not in any measure possess the poetic temperament as it is delineated by Keats. His flexibilities came from the readiness with which he was prepared to change his mind. When he says he is not bigoted enough for any system, what he should say is that he is not bigoted enough to stick to a system. Not, of course, that at any point he elaborates a system – he was too impatient to do that. Or perhaps it depends what you mean by a system. If you mean that you want all the beliefs you hold to be consistent, then that is an elementary requirement of not succumbing to conceptual chaos. If you mean something more than that, it is incumbent to say what, and Nietzsche does not, apart from expressing his distaste for transcendent metaphysics.

The extreme non-linearity of most of Nietzsche's writing has many appeals, not least that it enables one to follow with a good conscience his advice to dip into *Daybreak* – and so most of his other books – where one feels like it; and lets one off the arduousness of following long stretches of abstract argumentation. It carries, as any conscientious and fascinated reader knows, its own perils. There is the extraordinary phenomenon of the way that individual passages strike one with the utmost force, only to slip the mind a short time after, most often because they have been succeeded by another equally striking, and, one takes it, memorable passage on quite a different topic. That kind of non-systematicness doesn't amount to much more than a lack of organization, not surprising in a mind as fertile as Nietzsche's, so responsive to his experience and other people's reactions to theirs that he is bursting with brilliant things to say on a range of topics larger than almost any philosopher has ever commanded, especially if you take into account the standard that Nietzsche often keeps up for many pages on end. Such torrents of eloquence wedded to insight mean that you feel the need to begin reading the books especially of his middle period as soon as you have finished them, ashamed of your lack of capacity to absorb and remember. It is a process which never ends, and for that there is a lot to be grateful. Even so, it should not be dignified as a principled refusal to be systematic when it is simply what came most naturally to him – compare any of the *Untimely Meditations* with *Human, All Too Human* and you see the immense improvement as soon as he gave up the attempt to write consecutive prose for the length of an essay, let alone a book. Whether or not it was a strategy of defence, it has the effect of one. The question of how to cope with Nietzsche has not yet, so far as I know, been convincingly answered. Read any book or article about him, and notice how the concentration is always on a very few of his remarks, despite the immense number and profound interest of these. Characteristically – and this applies to my own work, of course – selected discussable passages are dealt with, perhaps ones that are in fashion for a few years, just as one or another of Nietzsche's books tends to be at any one time; while the overwhelming proportion of his writing never gets any treatment at all. So Nietzsche is the loser as well as the apparent winner in this particular tactic. He wants us to incorporate his aphorisms into our lives, yet also claims to want us to approach him with unyielding scepticism. Really to live one of his profound aphorisms would take a lot of one's life – how could one do that and yet remain at the distance scepticism requires? Clearly one could not. And in fact anyone who writes as Nietzsche does asks a great deal of trust from his readers, although he pretends that he is asking nothing at all in that line.

I see that my criticisms of his method have moved to being more sympathetic than I expected, another characteristic effect that the always disconcerting Nietzsche has on his readers.

2

Now to a brief reconsideration of some of Nietzsche's cardinal positions, as I take them to be, and a firmer emphasis on the way in which they serve to protect him from life's contingencies and surprises – the last thing that he should want to be invulnerable to. Yet his most puzzling views – what they amount to and why he held them – often become less puzzling if one accepts that Nietzsche's ambition was to achieve a relationship with the world and his experience of it such that nothing could upset, appal, nauseate, or wound him. It is so difficult to achieve this relationship that if one were to then one would thereby become great. The acuteness of the issue can perhaps be made most clear by considering once more Nietzsche's attitude to pity. Pity is, for him, often a mere symptom of a condition which is deeper and more deplorable than it appears: letting oneself be so affected by suffering, whoever's it may be, that one attempts to mitigate it instead of realizing that it is so ubiquitous that trying to *relieve* it is just silly. One should try to attain a different attitude towards life, which would make pity pointless. Nietzsche never spells his position out with this degree of directness, probably because he is so upset by the proximity of suffering that he commits the meta-sin of being obsessed with considering pity. If pitying people and acting on that is fundamentally a waste of time and effort, then so, after a point – a point which Nietzsche unquestionably passes – is going on about that fact, to such an incorrigible audience. The thing to do is to move to a level where pitying will not arise as a concern, and to display that one has done that, setting the kind of example which even Nietzsche might not object to.

From what perspective could one hope to do that? That is, one could say, Nietzsche's whole concern in the books of his high maturity, before the final period. In fact the section of *GS* which immediately precedes his most celebrated analysis of pity and its effects is the one where he makes clear what his ambition is, albeit in an embryonic way; and also reveals, though unwittingly, how hopeless the ideal that he delineates is. I will quote only part of it – even a fragment of Nietzsche at his most rhetorically brilliant can still have a stunning effect:

> Anyone who manages to experience the history of humanity as *his own history* will feel in an enormously generalised way all the grief of an invalid who thinks of health, of an old man who thinks of the dreams of his youth, of a lover deprived of his beloved, of the martyr whose ideal is perishing . . . But if one endured, if one *could* endure this immense sum of grief of all kinds . . . if one could burden one's soul with all of this – the oldest, the newest, losses, hopes, conquests, and the victories of humanity; if one could finally contain all this in one soul and crowd it into a single feeling – this would surely have to result in a happiness that humanity has not known so far: the happiness of a god full of power and love, full of tears and laughter, a happiness that, like the sun in the evening, continually bestows its inexhaustible riches, pouring them into the sea, feeling richest, as the sun does, only when even the poorest fisherman is still rowing with golden oars! This godlike feeling would then be called – humaneness.
>
> (*GS* 337)

In the face of such moving eloquence it seems more than usually petty to scrutinize details. It is a masterstroke of Nietzsche's to put this passage, which certainly gives a drastically new account of 'humaneness', immediately before his attack on old accounts, which relates it to an overriding concern either to avoid or to ameliorate suffering. If one comprehensively lives out the alternative to the life of pity, this 'new humaneness' is what one will achieve. Does it make sense, though, to postulate even the possibility of so exalted a state? To experience *all* is somehow, as throughout his writing life, if not easier then in a way more tolerable than experiencing a selected set of 'losses, hopes, conquests and the victories of humanity'. Despite his loathing and contempt for 'the unconditional', Nietzsche was addicted to a related concept, that of the all-embracing. If one could bear most things, that would mean there were some that maybe one could not – an understandable state. To be 'godlike', or a tragic philosopher or person, one must bear everything; and although it is hard to give sense to such an idea, Nietzsche thinks he knows that it would 'result in a happiness that humanity has not known so far'. Is it not clear that humanity, or even *Übermenschheit*, never will or could know it, since it is not even what Kant would call a 'regulative ideal'? It is, rather, Nietzsche getting drunk with his inimitable capacity to paint in words of the utmost lyricism and poignancy the only states which would make life supportable, but which all turn out to be products of the poet abandoning the exigent requirements of the philosopher.

One more thing is worth noticing, callously, about this passage. One of the things which makes a contrast between pity, the promiscuity of feeling which Nietzsche loathes so vehemently, and this new humaneness, is that in this latter state one is simply adopting an attitude; there is no indication that one would do anything in particular. If we feel with some particular distressed person, we 'assume the role of fate', ignoring the 'whole inner sequence and intricacies that are distress for *me* or for *you*'. If, on the other hand, one goes in for the grand, indeed cosmic, scale of feeling with everything, that leads to nothing in the way of action. There is, indeed, envisageable action which would correspond to Nietzsche's desired state, and for all the astounding energy of his prose, it seems to me at the moment that Nietzsche was not enthused by the idea of acting, only by that of writing, which no doubt is part of the explanation of why his prose is so energetic. Once more, what are the rest of us supposed to do with what energies we can muster?

It would be tedious and depressing to go through the central texts of Nietzsche's affirmation and show that they manifest a similar degree of non-specificity and eagerness to deal with everything simultaneously, which means, in each case, that one has no idea what to do *now*, or why one should do anything rather than anything else. We cannot fail to be struck, once more, with the paradox of Nietzsche's extreme fastidiousness consorting with the will to deny nothing, so that Zarathustra's claim that 'all of life is a dispute over taste and tasting' is contradicted, surely, by the insistence that we affirm it all. And as one cultivates one's attitude of joyful yes-saying, does one tell oneself lies or is 'transfiguring' the past something other than that? As every 'thus it was' becomes a 'thus I willed it', is that a piece of self-deception or something more sublime? Commentators, with a few laudable exceptions, tend not to ask these questions, as if they were themselves offences against good taste.

The passage from *GS* about giving style to one's life raises the same issues. Actually there is the suggestion there that one acts, as when Nietzsche speaks of 'long practice and daily work at it'; though once more it is revising attitudes that seem more important: 'Here the ugly that could not be removed is concealed; there it has been reinterpreted and made sublime'. Yet when we remember that it is one's character that is under consideration, what is this 'reinterpretation' but telling oneself lies? Supposing I said something to someone in order to humiliate them, and find this distasteful and shaming when I remember it. Do I tell myself that I had an alternative motive? Can I always convince myself that I am a beautiful person? Does it minister to the improvement of my character to do so? When Nietzsche says nine sections later, in a characteristic phrase, that 'we want to be the poets of our lives', we recall that in his next book he says, in his Zarathustra persona, 'the poets lie too much, but alas, Zarathustra too is a poet'.

And so – it seems to me – he goes on. He always remains a monist of a certain kind: in *BT* he believed in the Primal One that underlay Apollonian appearance. After ceasing to believe in the possibility of any kind of metaphysical system he remained dismayed by the horror of existence, but all his recipes consist of insisting that existence should be seen under *one* aspect. Why should that make things better, easier, or whatever it is that he wants them to be? Yet another talismanic section is *GS* 276, so beautiful, once more, that it charms one out of thought. This is the passage about not wanting anything to be different, about turning away being his only negation. And that is nothing more than an adumbration of what became his favourite notions, *amor fati* and the Eternal Recurrence, the first of which is the formula for embracing whatever life offers, the second constituting the reason why one had better do that.

In *The Will to Power*, which I remain in general opposed to using, but cannot deny contains many illuminating passages, Nietzsche says, 'Ethics: or "philosophy of desirability." – "Things ought to be different," "Things *shall* be different": dissatisfaction would then be the germ of ethics'.

> One could rescue oneself from it, firstly by selecting states in which one did not have this feeling; secondly by grasping the presumption and stupidity of it: for to desire that something should be different from what it is means to desire that everything should be different – it involves a condemnatory critique of the whole. But life itself is such a desire!
>
> (*WP* 333)

That is characteristic of Nietzsche being genuinely brilliant. It is also characteristically paradoxical. If, as Staten says, life is the desire that things should be different, then so is Nietzsche's life – and to judge from all the evidence it most certainly was. While *amor fati* is his motto, *his* fate was to rail passionately against fate, or the way things are. Can he allow himself that? To judge from Section 11 of the Sleep-walker's Song, quoted earlier, he cannot. To say yes to one single joy is to say yes to everything; but once more we see Nietzsche the consummate lyricist gaining the upper hand – the lyricist in service to the man who believes that if you see the whole of existence as a unity, then you will affirm it all, or at least are committed to affirming it all if you affirm one single part of it. But the fact that everything is 'entangled, ensnared, enamoured' does not mean that one likes it that way. If life *is* the desire that things should be different – and that is certainly a large part of life, indeed the motive that people have for most of what they do – then it is inevitable that one should will to effect some of those differences. As Nietzsche says in a similar but crucially different passage from *BGE* 9, 'Living – is that not precisely wanting to be other than this nature? Is not living – estimating, preferring, being unjust, being limited, wanting to be different? And supposing your imperative "live according to nature" meant at bottom "live according to life", how could you *not* do that? Why make a principle of what you yourselves are and must be?' But if you must be what you are, there is no point in making a *principle* of *anything*, including *amor fati*. Nietzsche gives no indications of how what one might call his stoicism of affirmation is not to collapse into what he elsewhere contemptuously refers to as 'resignationism'.

My claim that Nietzsche is trying to render himself invulnerable is implicit in what I've been saying. Surprisingly, for someone who had as another of his slogans 'Live dangerously!', he seems not to want to be taken by surprise, to be prepared for any contingency, as it were, by claiming that it is necessary, therefore no contingency at all. *Whatever* happens, he wills it; at his most spectacularly paradoxical, he claims that whatever *did* happen, he willed it. Writing at the level of generality that he does, he does not have to deal with cases where it seems not so much superhuman as inhuman to claim that one willed that it should have been so. He thinks, by announcing the most far-reaching doctrines of cosmological necessity, and then claiming infinite repeatability for what they dictate, that he has demonstrated that there never will be and never could be anything new, under or including the sun. Yet at a microscopic level he remains more acute than anyone else – so acute that he has to move to the other extreme – to those 'heights' that he is so keen on. He is prepared to be extraordinarily careful and thorough in explaining how dreadful things – including especially people – are. And as long as he remains at the level of things and people the paralysing horror continues to grow. So when he affirms, it cannot be by selecting approved items, for they are all 'ensnared' in what he detests. He has to take all the phenomena which he loathes, achieve a 'pathos of distance' from them, look down on them; and then he is at last able, thanks to blurred vision, to say yes to everything. In doing that, he betrays all that he actually values, by pretending that he does not value one thing more than another. Sublimity of this kind is indistinguishable from insensibility.

References

Adorno, Theodor (1974), *Minima Moralia* (NLB, London).

Aschheim, Steven E. (1992), *The Nietzsche Legacy in Germany 1890–1990* (University of California Press, Berkeley and Los Angeles).

Bridgwater, Patrick (1972), *Nietzsche in Anglosaxony* (Leicester University Press, Leicester).

Heller, Erich (1988), *The Importance of Nietzsche* (University of Chicago Press, Chicago).

Heller, Peter (1966), *Dialectics and Nihilism* (The University of Massachusetts Press, Amherst, Mass.).

Jones, Ernest (1955), *Siegmund Freud, Life and Work,* ii (Hogarth Press, London).

Kaufmann, Walter (1974), *Nietzsche* (4th edn., Princeton University Press, Princeton, NJ).

Kundera, Milan (1984), *The Unbearable Lightness of Being* (Faber and Faber, London).

Love, Frederick R. (1963), *Young Nietzsche and the Wagnerian Experience* (University of North Carolina Press, Chapel Hill, NC).

Middleton, Christopher (1969) (ed. and trans.), *Selected Letters of Friedrich Nietzsche* (University of Chicago Press, Chicago).

Nehamas, Alexander (1985), *Nietzsche: Life as Literature* (Harvard University Press, Cambridge, Mass.).

Schutte, Ofelia (1984), *Beyond Nihilism: Nietzsche without Masks* (University of Chicago Press, Chicago).

Silk, M. S. and Stern, J. P. (1981), *Nietzsche on Tragedy* (Cambridge University Press, Cambridge).

Solomon, Robert C. and Higgins, Kathleen M. (1988) (eds.), *Reading Nietzsche* (Oxford University Press, New York).

Staten, Henry (1990), *Nietzsche's Voice* (Cornell University Press, Ithaca, NY).

Thompson, Judith J. and Dworkin, Gerald (1968) (eds.), *Ethics* (Harper and Row, Cambridge, Mass.).

Young, Julian (1992), *Nietzsche's Philosophy of Art* (Cambridge University Press, Cambridge).

Further Reading

The amount of writing on Nietzsche in English alone is now growing at a rate that is both a tribute and a threat. The most magisterial book on him, by someone deeply sympathetic yet firmly critical, is Erich Heller's *The Importance of Nietzsche* (University of Chicago Press, Chicago, 1988). A book somewhat similar in tone, but following patiently through Nietzsche's development, is F. A. Lea's *The Tragic Philosopher* (Athlone Press, London, 1993). Originally published in 1957, it is a trail-blazing work, written, like Heller's and unlike almost everyone else's, with notable grace and a Nietzschean passion. Unfortunately Lea uses old and discredited translations for quotation; and he ends surprisingly by finding that Nietzsche rediscovered the teachings of Christ *and* Paul for our time. Walter Kaufmann's ill-organized transformation of Nietzsche into a liberal humanist has its place in the history of Nietzsche reception *(Nietzsche* 4th edn, Princeton University Press, Princeton, NJ, 1974).

Of more recent works, the most acclaimed, often setting new standards in detailed analytic working-through of Nietzsche's positions, is Alexander Nehamas's *Nietzsche: Life as Literature* (Harvard University Press, Cambridge, Mass., 1985). It is a demanding but rewarding book, but Nehamas relies too heavily on unpublished notebooks of Nietzsche's. More impressive still, as I have indicated in the text, is Henry Staten's *Nietzsche's Voice* (Cornell University Press, Ithaca, NY, 1990), a moving and profound series of meditations on some basic themes in Nietzsche. A less demanding and more critical work on an aspect of Nietzsche which has received little in the way of book-length attention is Julian Young's *Nietzsche's Philosophy of Art* (Cambridge University Press, Cambridge, 1992). Young finds a lot to be indignant about, but his criticisms, in their downrightness, are thought-provoking. A full-length book on *BT* by M. S. Silk and J. P. Stern is *Nietzsche on Tragedy* (Cambridge University Press, Cambridge, 1981), which leaves no stone unturned, so far as the biographical background, the accuracy of Nietzsche's account of Ancient Greece, and so on, are concerned. The essence of the work itself, and the source of its fascination, eludes them, but this is a mine of absorbing information. Nietzsche's politics, or rather his seeming lack of them, are dealt with at length in two overlong but intermittently helpful books, both rather badly written. Tracy Strong's *Friedrich Nietzsche and the Politics of Transfiguration* (expanded edn, University of California Press, Berkeley and Los Angeles, 1988) ranges very widely, and contains a particularly bizarre account of the Eternal Recurrence. Mark Warren's *Nietzsche and Political Thought* (MIT Press, Cambridge, Mass., 1988) distinguishes between what Nietzsche's political views, never presented systematically, were, and what they should have been, from the standpoint of the Frankfurt School of Critical Theory.

There are many collections of essays by various commentators: one that has some excellent contributions to the reading of particular books is *Reading Nietzsche*, edited by Robert C. Solomon and Kathleen M. Higgins (Oxford University Press, 1988). The way that Nietzsche tends to be read in France now is usefully illustrated in a book of translations of Derrida, Klossowski, Deleuze, and so on: *The New Nietzsche*, edited by David B. Allison (Delta, 1977). I find Gilles Deleuze's celebrated *Nietzsche and Philosophy* (trans. Hugh Tomlinson, Athlone Press, London, 1983) quite wild about Nietzsche, but interesting about Deleuze. Many people swear by it. And we are in for an invasion of works from France, where Nietzsche has been idiosyncratically cultivated since World War II.

A Note on Translations

All decent translations of Nietzsche into English or American date from after 1945. Walter Kaufmann was the pioneer of excellence, and his translations of *BT* and everything from *GS* onwards are classics, though his commentaries are obtrusive, self-referential, and lacking insight. R. J. Hollingdale has translated for Penguin and Cambridge University Press the books that Kaufmann did not, and several that he did. They are also serviceable. Introductions to the Penguin series are by me. Kaufmann and Hollingdale joined forces to translate *WP*, which anyone interested in Nietzsche will want to read, and find out for themselves what Nietzsche did not publish, but might or might not have. There is a translation by Douglas Smith of *GM* in Oxford World's Classics.

“牛津通识读本”已出书目

古典哲学的趣味
人生的意义
文学理论入门
大众经济学
历史之源
设计，无处不在
生活中的心理学
政治的历史与边界
哲学的思与惑
资本主义
美国总统制
海德格尔
我们时代的伦理学
卡夫卡是谁
考古学的过去与未来
天文学简史
社会学的意识
康德
尼采
亚里士多德的世界
西方艺术新论
全球化面面观
简明逻辑学
法哲学：价值与事实
政治哲学与幸福根基
选择理论
后殖民主义与世界格局
福柯
缤纷的语言学
达达和超现实主义
佛学概论
维特根斯坦与哲学
科学哲学
印度哲学祛魅
克尔凯郭尔
科学革命
广告
数学
叔本华
笛卡尔
基督教神学
犹太人与犹太教
现代日本
罗兰·巴特
马基雅维里
全球经济史
进化
性存在
量子理论
牛顿新传
国际移民
哈贝马斯
医学伦理
黑格尔
地球
记忆
法律
中国文学
托克维尔
休谟
分子
法国大革命
民族主义
科幻作品
罗素
美国政党与选举
美国最高法院
纪录片
大萧条与罗斯福新政
领导力
无神论
罗马共和国
美国国会
民主
英格兰文学
现代主义
网络
自闭症
德里达
浪漫主义
批判理论

德国文学
戏剧
腐败
医事法
癌症
植物
法语文学
微观经济学
湖泊
拜占庭
司法心理学
发展
农业
特洛伊战争
巴比伦尼亚
河流
战争与技术
品牌学
数学简史
物理学
行为经济学
计算机科学
儿童心理学
时装
现代拉丁美洲文学
卢梭
隐私
电影音乐
抑郁症
传染病
希腊化时代
知识
环境伦理学
美国革命
元素周期表
人口学
社会心理学
动物
项目管理
美学
管理学
卫星
国际法
计算机
电影
俄罗斯文学
古典文学
大数据
洛克
幸福
免疫系统
银行学
景观设计学
神圣罗马帝国
大流行病
亚历山大大帝
气候
第二次世界大战
中世纪
工业革命
传记
公共管理
社会语言学
物质
学习